一九三〇 朝鮮人生徒の日記

——十四歳、京城府での一年

原 智弘 著

JN209809

帝京新書
008

時の京城府

1930年当

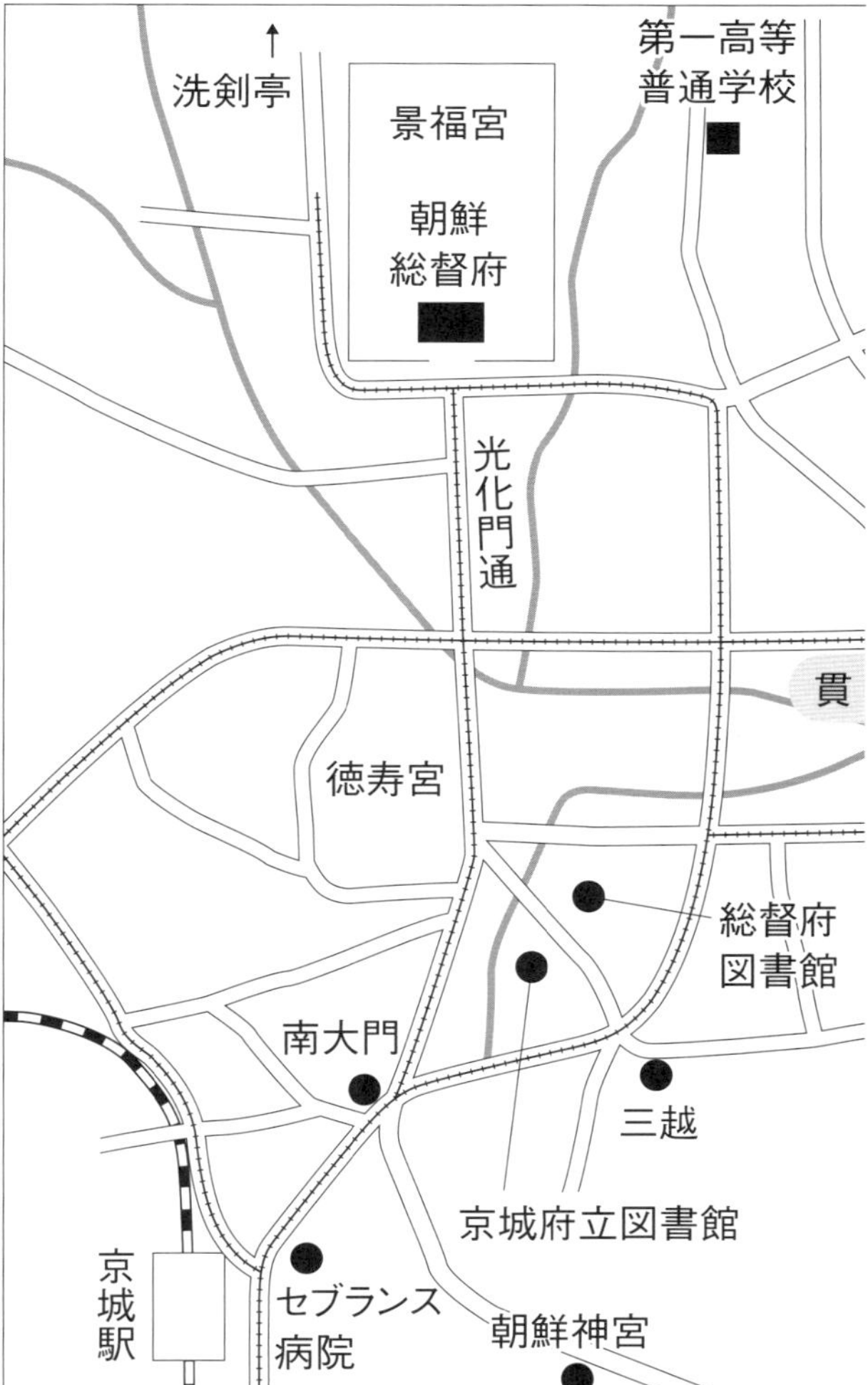
洗剣亭
景福宮
朝鮮
総督府
第一高等
普通学校
光化門通
貫
徳寿宮
総督府
図書館
南大門
三越
京城府立図書館
京城駅
セブランス
病院
朝鮮神宮

プロローグ――日記との出会い

二〇〇二年の秋、四月から始まっていた留学生活も半年が過ぎていた。気温の低下とともにワールドカップの熱狂もようやく収まり、日常を取り戻しつつあった韓国・ソウルで、私はこの日記と出会った。

仁寺洞《インサドン》に店を構えていたある有名な古本屋が、跡取りがいないため店仕舞いをするのではという噂は前から聞いていたが、ついに、本当に閉店するということで、在庫処分のセール中だとの話を耳にした。普段ではとても手が出ないような本ばかりが並んでいる古本屋ではあったが、もしかしてという淡い期待を抱いてその店に向かった。果たして、これまでは堆く積まれた本に隠れるように奥に座っていたご主人が、店の扉を開けるや否やその姿を見ることができるほどに、本の数は少なくなっていた。「全て五〇〇〇ウォン」の紙が書棚に貼ってあり、自分でも買えるぞという期待と同時に、本当にこの店がなくなるのだという寂しさが交錯する、複雑な気分だった。

最初に目に止まったのは、和綴じ、いや正確に言えば朝鮮綴じの本であった。手に取るとすぐにご主人から「そっちのは売り物じゃないよ」と声がかかり、早々に棚に戻した。流石に欲を出しすぎた。反対側の書棚は洋装本だったので、こっちは間違いなく五〇〇〇ウォンのはずだと思い、少なくなったとはいえ、まだまだ大量にある本の背表紙に目を走らせた。五〇〇〇ウォンなら買っておくべき本は何冊もあった。持ってきている現金から帰りに食べるつもりのカルグクスとマンドゥの値段を差し引いて、購入可能な冊数に合わせて何を買うか考えていた、その時である。

「昭和五年當用日記」という金色の文字が目に飛び込んできた。背表紙の書名は漢字で書かれており、しかもかなり古い。積善館発行の文字も見える。積善館といえばかつては、日記帳の発行で博文館と並ぶ有名な出版社だった。胸が高鳴った。あとは日記が書かれているのか、全くの白紙なのか。そして日記が書かれていたとして、それが書名の通り昭和五年、つまり一九三〇年に書かれたものなのか。おそるおそる日記帳を手に取り、内容を確認した。

西暦一九三〇年、昭和五年은今日로써始作된다.

(西暦一九三〇年、昭和五年は今日から始まる)

古書店で偶然見つけた、「昭和五年當用日記」

最初のページ、つまり一月一日の書き出しはこうだった。万年筆独特の筆跡、漢字混じりの朝鮮語、そして現代とは違うハングルの綴り方……間違いない、一九三〇年のものだ。その場でざっと目を通したが、もちろん詳細な内容はすぐに頭の中に入ってこない。ただ、筆者が朝鮮人であること、そして生徒の日記であることはすぐに分かった。授業科目が並んでいる。すごいものを手に取ってしまった、そう思った。

さっきまで自分の財布としていた相談は、一瞬で完全にどこかに行ってしまった。私は一冊の日記帳を手に、奥に座るご主人のところに持って行き、五〇〇〇ウォン札を準備した。さっきのように「売り物じゃないよ」と言われないか緊張していたが、大丈夫だった。「この本が必要なのか?」と聞かれたような気がするが、後から追加された記憶かもしれず定かではない。こうしてこの日記帳は、どこにでもある茶色の紙封筒に包まれ、私のカバンの中に仕舞われた。会計を済ませて古本屋を出る時には、カルグクスもマンドゥも私の頭の中には無くなっていた。早く新村にある下宿に戻って中をじっくりと読みたい。それだけだった。

本稿では、地域名・言語名・民族名として朝鮮を使用するが、光復(日本支配からの解放)後の大韓民国で現在使用されている言語については韓国語と呼ぶ。日記の文章については、原則的に筆者による翻訳文を記載するが、直訳調で訳文を作成したため、ややこなれていない部分がある点はご理解いただきたい。日記中、日本語で書かれている部分については〈 〉で括った。また、時代の制約から今日では差別的に捉えられる内容も含まれているが、その点についてもご了解いただきたい。日記の原文を引用した際には[ ]内に日付を示している。

目次

プロローグ――日記との出会い ………… v

第一章　日記をひもとく前に ………… 1

一日一ページの日記帳／書き綴られた二百六十八日／「朝鮮語」で書かれたことの持つ意味／十四歳から十五歳にかけての記録／日記の中の朝鮮語記述／一九三〇年はどんな年だったか／Y君のこと／家族と多彩な親族たち／問題を起こす叔父／仲良しのいとこたち／「近代」を取り入れた一族／京城の構造――町と洞／本書の構成

第二章　学校生活あれこれ ………… 33

Y君が通った学校／当時の学制――内地と朝鮮の違い／義務教育ではなかった普通学校／高等普通学校進学は激烈な競争／日記に書かれた授業内容／試験にまつわるエトセトラ／あだ名もあった教員たち／学校行事――遠足、演習参観／運動会とスポーツ大会／学者犬トミー、来校す／校内でのいさかい／「爆笑」という新語

第三章　読書とスポーツと …… 91
足しげく通った三つの図書館／朝鮮語の月刊誌『別乾坤』／愛読した『キング』／日記に書きとめた感想／小説から地理書、問題集、歴史書、『唐手術』まで／冬のスポーツ・スケート／学校対抗戦を応援／バスケットボール大会に熱中

第四章　Y君の夏休み …… 129
朝の散歩／のめり込まなかった麻雀／「巨人」への並々ならぬ関心／肉食は特別な日に／流行の「モダンパン」／よく食べたマクワウリと桃、格別なリンゴ

第五章　Y君の日常――医療、映画、年中行事 …… 151
日常は市販薬／かかりつけの病院と医師たち／トーキー映画が登場した年／洋画も邦画も鑑賞／陽暦と陰暦のお正月／祖父の葬儀／陰暦で行われた葬礼／数え年と誕生日／お年玉は陰暦で／祝日への思い

長い長いエピローグ――戦時期、光復、朝鮮戦争、そしていま …… 181
京城第一高等普通学校のその後／京城帝国大学附属病院、セブランス病院／昌慶苑から昌慶宮へ／

漢江と橋／Y君をめぐる人びと——沈浩燮医師／親族——洪蘭坡、金元福、洪錫厚、従兄弟たち／Y君のその後——京城帝国大学法文学部に進学／検事から弁護士に転身／朝鮮戦争勃発——ソウル陥落／北朝鮮のインテリ連行計画／提出された「失郷私民安否探知申告書」

主要参考文献 …………… 210

あとがき …………… 212

第一章　日記をひもとく前に

▼一日一ページの日記帳

今回、一九三〇年の京城（現・ソウル特別市）に私たちを案内してくれるこの日記帳は、同年の一年分である。但し、十二月三十日の記述には翌年の日記帳を買ったことが記されていることから、おそらくそれ以前から、そして一九三一年以降も継続して日記は書かれていたと予想される。しかし、残念ながらその所在は不明である。

この日記帳の前半部分は、一ページに一日の日記が書けるように作られている。各ページには日付が印刷され、天気や気温、来信などを書き込む欄に加えて、ページの大半を占める日記を書くスペースがとられている。日本で出版・印刷された日記帳のため、当然ながら新暦の一月一日から十二月三十一日までとなっている。朝鮮向けに何らかの工夫がなされている形跡はない。

後半部分は、さらに二つのパートに分けられる。備忘録、家庭要録、金銭出納録、住所人名録からなる書き込み式の部分と、一般常識や世界情勢などがまとめて日本語で書かれている現代百科大鑑の二つである。家庭要録は、さらに家庭記念日・戸籍表・近親名簿・家族保健録・本年度購入書籍目録・番号、期日一覧控に分けられている。

書き込み式の部分が綿密に書かれていたならば、この日記の筆者に関する情報はさらに豊かなものになったであろう。しかし、残念なことに書き込みはあまり多くない。備忘録に朝鮮の著名な画家・書家の姓名及び号が、家庭記念日に家族・親族の誕生日が、個人名ではなく親族呼称とともに羅列的に書かれている。ただし、文字通り誕生日のみが書かれているため、それぞれの年齢は把握できない。そして、本年度購入書籍目録は『別乾坤』の文字が見えるだけ、金銭出納表は一月の五日分と五月の三日分のみの記載がある。戸籍表のページなどでは、英語の練習をした跡が残されており、この書き込み式のページを特に重視していなかったのかもしれない。

▼書き綴られた二百六十八日

続いて、日記の核心部分とも言える、日々の記録に焦点を当ててみよう。

日記の記述は、二月が十四日分と半分程度、三月が七日分と極端に少なくなっているが、それ以外の月は毎月二十日以上確認でき、全体で二百六十八日分の記載がある。時に一〜二行程度の簡単な記載で終わる日もあるが、多くは一ページの半分以上を使って書いており、比較的情報量は多い。しかし、日記の記述者にとっては日記を継続的につけるためには相応の努力が必要だったようで、二月十四日から中断した日記を一週間ぶりに再開するときには、**「昨日まで長い間日記を書かなかったことは大変恥ずかしい。今年十二月末日まで必ず永続する。私は私の良心に盟《ママ》ずる。」**という決心の言葉から再開している。しかし、その翌日二十三日から二十七日までまたもや日記の記述が途絶えており、ものぐさな私にとっては親近感を覚えずにはいられない。

　文章は朝鮮語で書かれており、漢字混じりのハングルが大半を占めている。日本語で書かれた文章は見られないが、書名などの固有名詞の他に、単語レベルで時々日本語が登場する。例えば、〈モッチ〉〈マンヂウ〉〈ロクボク〉〈カタクリ粉〉などである。〈モッチ〉〈マンヂウ〉はそれぞれ餅と饅頭を指す。なお、〈モッチ〉についてはわざわざ〈日本モッチ〉という書き方がされていることから、韓国伝統の餅である「떡《トック》」とは区別していたことがうかがえる。〈ロクボク〉は体育館などに設置されている肋木のことで、体操の授業の場面で登場することから間違いないであろう。肋木は一九一〇年代前半頃

から日本で普及し始めており、一九三〇年の京城の学校にも肋木が設置されていたことが分かる。

また、十二月の五日間に限って、朝鮮語でも日本語でもなく、英語で日記が書かれている。但し、文法には初歩的な誤りがあり、単語のスペルミスも多々見受けられる。英語を使って試しに書いてみたというレベルだろう。

▼「朝鮮語」で書かれたことの持つ意味

この日記が朝鮮語で書かれているということは、実は重要な意味を持つ。日本の学校教育では、日記を使った指導がしばしば実施されていた。これは植民地期の朝鮮半島の学校でも行われていた。朝鮮人生徒が書き、学校に提出して検印を押された日記については、太田修の研究がある。また、小谷稔も朝鮮人生徒が書いた日記を検討している。その日記は、当然ながら日本語で書かれており、内容も学校生活に関することを主たる対象として検討している。学生ではなく、農村青年の生活を日記の分析から描いた研究としては、板垣竜太による著作もある。この日記は、さすがに朝鮮語で書かれていた。

農村青年の日記同様、この日記が朝鮮語で書かれているということは、学校提出用の日記とは考えられず、実際に検印も確認できない。つまりこの日記は、記述者本人が学校をはじめとする第三者に見せることを前提とせずに書いた日記である可能性が高い。日本の支配に対して批判的なことを直接的には書けないにしても、日記に書かれている記述者の思いや考えは、比較的素直に読んで良いものと考えられる。つまり、一九三〇年当時の京城の様子を朝鮮人の視線から知るために、そして京城で暮らしていた朝鮮人の気持ちを感じ取るには、うってつけの日記ということができる。もちろん、この日記の記述者が、当時の京城に住む朝鮮人を代表しているわけではない。この日記は、あるひとりの朝鮮人の見た一九三〇年の京城を私たちに見せてくれるという意味で、貴重な記録と言える。

▼十四歳から十五歳にかけての記録

さて、この日記の記述者は誰なのか。最初の部分で、朝鮮人であること、生徒であることは指摘したが、より詳しく見ていこう。日記の最後のページに、記述者の名前と住所が英語で書かれている。姓は全て書かれているが、名は漢字それぞれの先頭のアルファベットのみが書かれていた。本書の筆者である私「原智弘」であれば、「T H Hara」という具合である。もちろん、漢字の朝鮮語読みをアルファベット表記している。ここで書かれた姓のアルファベット表記をとって、これ以降は日記の記述者のことをY君と呼ぶことにしたい。

次に住所だが、「Keijyo Rakuendo（番地は省略）」と書かれている。漢字にすると、「京城　楽園洞《ナグォンドン》」となる。この地名は、朝鮮語の読み方があるにもかかわらず、日本語読みをローマ字表記にして書いていることにも注意を払いたい。ちなみにこの楽園洞は、タプコル（パゴタ）公園のやや北側、骨董品街として有名な仁寺洞と、建物のリモデリングで若者が集まる街へと変貌した益善洞《イクソンドン》の間に挟まれた地域となる。

日記の本文を見ると、内容の多くは学校に関する事柄で占められており、Y君が生徒であることは明白である。日記中で確認できた教員の個人名と、一九三〇年に在職している教員一覧を照合すると、Y君が京城第一高等普通学校の生徒であったことが判明する。さらに日記の中で他校とのバスケットボール対抗戦の場面が出てくるが、そこに

「一高普」と校名が書かれている。一九三〇年の京城には京城第一高等普通学校と京城第二高等普通学校があり、「一高普」とあれば、間違いなく京城第一高等普通学校を指す。

京城第一高等普通学校の後身となる京畿高等学校の百周年記念誌には、植民地期以前からの卒業生名簿が収録されており、それを確認するとY君のイニシャルに適合する名前を見つけることができる。さらに、Y君と同じ学校に通う従兄弟が実名で日記に度々登場するが、その従兄弟の名前も卒業生名簿で確認できる。これ以外にも日記を含め、他の周辺資料を参照していくことで、Y君の実名を確定することができ、生年も一九一五年であることが分かった。つまりこの日記を書いている時、Y君の満年齢は十四歳(九月に十五歳)だった。この年齢で、日記を英語で書こうと努力していたわけである。その心意気や良し、であろう。

実名まで特定できていながら、今回、Y君という匿名のままで執筆をしているのは、現在までご家族とのコンタクトを取ることができずにいるためである。この事情については、エピローグで述べているので、そこまでお待ちいただきたい。

▼日記の中の朝鮮語記述

この日記の大部分は、漢字混じりのハングルによって書かれている。植民地期では一般的な記述方式であった。漢字混じりのハングルとは、具体的に次のような文体である。なお、この節は現代韓国語の知識をやや必要とするが、読み飛ばしても本書の内容理解には特に問題はないので、読者の判断にお任せする。

例えば次の文章を見てみよう。

昨日夜은방이甚히쓰거워서자기에大端不便하얏다.［二月六日］

現代韓国語ではあまり漢字を使用しないが、一九三〇年の朝鮮語では漢字を一緒に使用するのが一般的で、かつ分かち書きもせずに書くのはそれほど珍しいことではなかった。朝鮮語の綴り方、つまり「正しい」書き方が決められるのは一九三三年だが、この日記はそれ以前に書かれたことになる。今日使用されている韓国語の正書法が一九八九

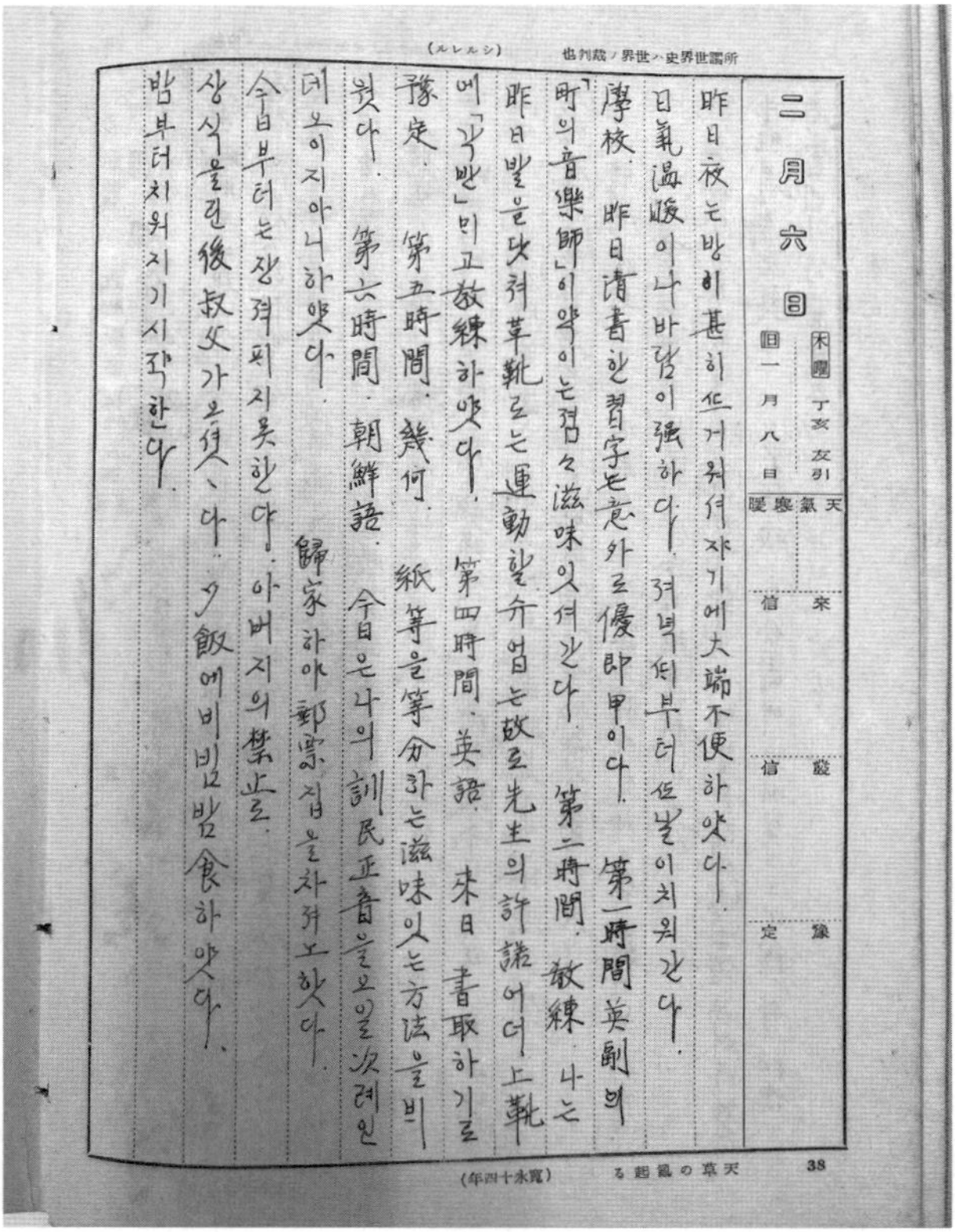

所謂世界史ハ世界ノ裁判也（シルレル）

二月六日 木曜 丁亥 友引 旧一月八日

天氣 寒暖 來信 發信 豫定

昨日夜는방히甚히또거워서자기에大端不便하얏다.
日氣温暖이나바람이强하다. 저녁때부터또날이치워간다.
學校. 昨日清書한習字는意外로優郎甲이다. 第一時間英副의
「町의音樂師」이약이는점々滋味잇서간다. 第二時間. 敎練. 나는
昨日발을다쳐革靴로는運動할수업는故로先生의許諾어더上靴
에「꼭빤」미고敎練하얏다. 第四時間. 英語. 來日書取하기로
豫定. 第五時間. 幾何. 紙等을等分하는滋味잇는方法을비
웟다. 第六時間. 朝鮮語. 今日은나의訓民正音을오일次례인
데오이지아니하얏다. 歸家하야郵票집을차저노핫다.
今日부터는장격피지못한다. 아버지의禁止로.
상식올린後叔父가오셧、다. 夕飯에비빔밥食하얏다、
밤부터치워지기시작한다.

38 天草の亂起る（寛永十四年）

2月6日の記述。端正な文字で書かれている

年に施行されていることもあり、一九三〇年の綴り方は、今日の綴り方とは当然違いがある。

少し細かく見ていこう。先に引いた文章の「大端」は、漢字の韓国語読みで「대단」と読めば、大変だという意味だと分かる。また、濃音は最初の文字を「ㅅ」で書くという方法があり、「ᄯ」は現代では「ㄸ」となる。原因理由の「아／어서」は「아／어셔」、寝るという意味の動詞「자다」は「쟈다」と現代とは違った綴りで書かれているが、現代の「ㅏ」や「ㅓ」の代わりに、この時代ではそれぞれ「ㅑ」や「ㅕ」と書くケースがしばしば見られる。また、ここでは出ていないが「ㅐ」を「ㆎ」と書くケースもある。これは「ㅏ+ㅣ→ㅐ」の「ㅏ」をアレア「•」で書いているためで、今日では全く見ることができない綴りである。

最後に文末の過去形にも注目すると、現代では「했다」と書くところが「하얏다」となっており、パッチムの「ㅅ」もひとつしかない。ただし、この「얏」の部分が過去形を意味すると理解してしまえば、読む上で特段の問題にはならない。

このように見ていくと、現代韓国語の知識にプラスして多少の知識は必要ではあるが、たとえ百年近い前の文章であっても、比較的平易に意味を取ることができる。今一度、先の文書を見てみよう。この文章は**「昨日の夜は部屋がとても暑かったので、寝るのがとても不便だった=なかなか寝られなかった」**となる。

このほか、単語レベルで言うと「이야기」を「이약이」、「얻어」を「어더」と書くなど、今日とは違った綴り方が出てくるが、現代韓国語の発音を中心に考えていくと、すぐに勘が働くようになり、対応は十分に可能となるであろう。しかし、時に大いに頭を悩ませる問題も発生する。例えば、「변도」という単語である。現代韓国語では、島の名前以外にそのような単語はない。但し、この単語が出てくる文脈を確認すると、島の名前ではないことは明らかである。

原文：**변도食치아니하고學校에다이져버리고왓다．［二月二十八日］**

訳文：**변도食べないで學校に忘れてきた。**

食べないで学校に忘れてこられるものは、お弁当以外にはなかなか思いつかない。つ

まり、弁当という意味ではないかと推測できるのである。確かに、弁当の「弁」という漢字をハングル表記すると「변」なので、前の文字は「弁」で間違いない。しかし、「当」という漢字はハングル表記すると「당」となり、「도」ではない。ではこの「도」は何か。「도」という朝鮮語の発音は「to」となる。これは日本語の「べんとう」の「とう」の音をハングル表記したものと考えられるのだ。つまり、この「변도」という単語は、前の文字は漢字のハングル表記、後ろの文字は日本語音のハングル表記という折衷方式で表記された「弁当」ということになる。

▼一九三〇年はどんな年だったか

日記の表記についてはここまでとして、この日記が書かれた時代について見てみよう。この日記が書かれた一九三〇年とはどんな年だったのか。一九二九年十月の〝暗黒の木曜日〟を始発点とする世界恐慌が進行している最中であり、徐々に世界全体を覆う暗い影が色濃くなっていく時代であった。

そのような中で、濱口雄幸内閣は一九三〇年一月に金解禁に踏み切り、「暴風のさなかに雨戸を開け放ったようなものだ」と批判を受け、実際に日本国内から金が大量に流出し、景気が悪化してしまう。また、ロンドン海軍軍縮会議に参加して軍縮の実行に踏み切るも、国内では統帥権干犯問題が沸き起こり、大きな批判を浴びることになった。金解禁も軍縮も、第一次世界大戦戦勝国の中で「五大国」と言われるイギリス・アメリカ・フランス・イタリアと足並みを揃える必要性もあって実施されたものだった。しかし、国内では次々と批判を受けることになったのである。結果として、ライオン宰相と言われた濱口雄幸は、一九三〇年十一月に東京駅で銃撃を受けることになった（翌三一年死去）。

一方、マハトマ・ガンジーがインドで「塩の行進」を行ったのも一九三〇年であった。これは、イギリスの塩の専売に抗議して、四百キロ弱の道のりを行進した反英運動であり、その後の反英運動の転換点となった。また、台湾では霧社事件が発生し、日本の支配に対する台湾原住民からの激烈な反対闘争が行われた。霧社事件については、発生した十月から約一ヶ月間にわたって、朝鮮で発行されていた『朝鮮日報』『東亜日報』などでも、日本軍の動向も含め詳細に報道されている。当然ではあるが、紙面上に霧社事件と朝鮮の連帯を感じさせる記事は全くない。

台湾に関して言うと、一九三〇年はもう一つ指摘しておきたい出来事がある。それは台湾で行われた巨大水利事業である嘉南大圳が完成した年だ、ということだ。台湾では現在も銅像が建てられている水利技術者・八田與一（一八八六〜一九四二）の計画によるものだった。しばしば日本による台湾統治の「成果」として取り上げられる嘉南大圳の完成が霧社事件と同年であることは、記憶にとどめておいても良いであろう。

朝鮮では、前年の一九二九年に光州学生運動が発生していた。光州学生運動とは、全羅南道最大の都市である光州《クァンジュ》で、日本人生徒が朝鮮人生徒を侮辱したことに始まり、この事件への警察の対応が民族差別的であったことから、同盟休校やデモが全国へと拡散した事件である。同盟休校とは生徒たちによる出席のボイコットをさす。二百校に迫る学校で同盟休校が行われ、数万人の児童生徒が参加したと言われる。一九三〇年一月にも京城の学校で同盟休校が実施されており、光州学生運動の余波がまだ色濃く残る時期であった。

また、朝鮮半島から中国国境を越えた間島地域でも、同年二度にわたって抗日運動が発生している。ここは朝鮮人が多数居住している地域で、日本の領事館が置かれていただけではなく、外務省が統括する領事館警察が配置されていた。これは、清との間で一九〇九年に結ばれた間島協約によって、日本が間島の中の開放地に住む朝鮮人に対する領事裁判権を有していたためである。実際に一九三〇年前後の抗日運動に際して、領事館警察によって検挙された朝鮮人は多数にのぼり、朝鮮総督府法院へ移送されて裁判を受けた。

韓国併合から二十年を経た一九三〇年ではあるが、日本による支配に対する抵抗が完全に収まっているわけではなく、この日記の中でも、そこかしこに日本による支配とそれへの抵抗を垣間見ることができる。

▼Y君のこと

さて、日記を書き綴っていたY君だが、どのような人物であったのか、そしてどのような家族構成だったのか。資料などは限られてくるが、少し探っていこう。

Y君は一九一五年九月八日に現在のソウル特別市西大門区貞洞で生まれた。日記でも

「第十五回生日記念日。この九月八日を朝鮮全民が記念して好きな日となることを！」と幼さが残る大言壮語を記している。一九一〇年の韓国併合以降に生まれた世代であり、日本統治下の朝鮮しか知らない世代ということになる。誕生日はやはり食事も特別で、朝食から牛肉を焼いて食べ、昼食は父が買ってきた「支那料理」、夕食も叔父も参加して「支那料理会」を開いている。この日記の中で、牛肉や「支那料理」を食べる回数はそれぞれ五回以下であり、誕生日用の特別メニューであったと想像される。

住所について、日記の最後のページに書かれていたのは楽園洞であるが、一月中に引越しをしていることがわかる。一月一日には**「引越をして新しい家だからか私には年賀状が一枚も来ず、父にだけ貫鉄洞に三・四枚来た」**と書かれている。おそらく楽園洞に引越をする前に貫鉄洞《クァンチョルドン》におり、年末まではそこにいたものと想像される。そして、一月九日には**「引越をする日だ。楽園洞から益善洞へ！」**とある。整理をすると、一九二九年末に貫鉄洞から楽園洞に引越し、一月一日時点では楽園洞に住んでいたが、一月九日にはさらに益善洞へと引っ越した。つまり日記の最後のページは、日記をつけ始めた当初に書いたのだと思われる。この三つの地名はいずれもタプコル公園のすぐそばであり、徒歩十分とかからない範囲で引越しを繰り返していたことになる。

年末までY君も住んでいた貫鉄洞には、伯父の一家も住んでいるようで、この日記の中で、引っ越した後も度々Y君が従兄弟と遊ぶために訪れたことが書かれている。この伯父の住む家にY君の家族も同居していたのか、それとも全く違う家なのかは明確にはわからない。

楽園洞の家については**「この楽園洞の家を買う平壌妓生たちとこの家の主人高栄植が無礼にも部屋に許可もなく入って座った」〔一月四日〕**という記述から、貸家であったと思われる。そして、繰り返した引っ越しの落ち着き先となる益善洞に関しては、引っ越しするという父の宣言が一月八日に行われ、翌九日、学校から益善洞へ帰宅している。その際の感想が、**「ああ、益善洞の新しい家に来てみると楽園洞と雲泥の差があるが静かな家だ。家族一同皆大満足！」**と書かれており、おそらく引っ越し当日に初めてこの家に入ったと思われる。ソウル内では、朝鮮時代から引っ越しが盛んに行われていたという研究報告があるが、さすがに短期間で三ヶ所を移動するのは稀ではないだろうか。

さらにいうと、この日記が書かれる前年には、咸鏡南道の中心地、元山《ウォンサン》に住んでいたと思われる記述も見られる。つまり一九二九年に元山から貫鉄洞さらに楽園洞へ、一九三〇年に入って益善洞へと移転したのである。いずれにしても、日記をつけていた一九三〇年当時、Y君は京城に住み、京城第一高等普通学校に通っていた。

高等普通学校とは、今日で言うところの中学校にあたる学校ではあるが、義務教育制度がなかった朝鮮においては誰でも通えるような学校ではなかった。なおこの学校は、続けざまに転居した三つの住所からそれぞれ徒歩十分程度の距離にある。またY君が卒業した普通学校（現在の小学校にあたる）は校洞普通学校で、こちらも住んでいた三つの地域に近い学校だった。なおこの校洞普通学校は、朝鮮で最初に建てられた近代的初等教育機関のひとつで、一八九四年開校の歴史と伝統のある学校である。Y君も愛校心が強かったようで、同じく長い歴史と伝統を誇る斎洞普通学校との野球の試合を観戦しに行ったりもしている【八月二十四日】。

実は、この校洞普通学校─京城第一高等普通学校というコースを同学年で共に歩んでいる従兄弟が、この日記にしばしば登場する。この従兄弟の話に入るためにも、家族・親族構成について話を進めたい。

▼家族と多彩な親族たち

Y君は父と母との三人家族で暮らしていた。父親の名前はわかるが生年ははっきりせず、Y君の日記には誕生日が七月四日であることが書かれている。職業も判然としないが、同姓同名の人物が一九二九年に元山にある会社の専務理事であったことは確認できた。日記でも父親が元山にいたと書かれているし**[三月二日]**、Y君自身も一九二九年に元山から上京してきたと書いている**[九月一日]**。蓋然性は高いが、確定できる資料が乏しいため、明言は避けておきたい。

これだけでは面白味に欠けるので、父親が登場する日記の記述を追いかけながら、その人物像に近づいていこう。Y君は父親の命令で「**二十六年前の英語新聞を探した**」**[一月三日]**り、『朝鮮史体系　最近世篇』を家に持って帰ってきたり**[八月二十日]**している。『朝鮮史体系』は日本語で書かれており、Y君の父親は、朝鮮語に加えて英語と日本語が読めたと推測される。さらに朝鮮時代の著名な書家である金正喜の作品を集めたものと思われる「秋史帖」の製本をする**[十月二十二日]**という話も出てきており、漢文も読めたと考えられる。このほかにも書籍に関わる記述が多く、かなりの読書家のように見受けられ、当時としてはかなり高い教育を受けていたと推測される。Y君の父親の兄弟、つまりY君の伯父は一八九一年生まれで、一九一五年に東京高等商業学校（現・一橋大学）を卒業していることも、この推測を補強してくれるであろう。

父親の好物は〈一ロマンジウ〉［二月十一日］であり、コーヒーやチョコレート、バナナやドロップスなどをしばしば食している。当時としてはなかなかモダンなものを口にしており、甘党であったかもしれない。ちなみにバナナは、もちろん朝鮮半島でも日本列島でも栽培されておらず、台湾―下関―釜山間は船によって、釜山から京城までは鉄道で輸送されていた。一九二九年になって釜山―京城間での冷蔵輸送が開始されたようで、それまで鉄道の揺れによって特に夏季はバナナの腐敗率が高く、それによって数多く発生していた賠償問題も解消されることから、値段の低下が見込めるといった新聞記事も出ている。おそらく父親が食べていたバナナは、前年から開始された冷蔵輸送のものと考えられる。

ついで祖父について見てみたいが、この日記では登場回数が極めて限られている。その理由は、一月十日に亡くなったためである。葬儀については第五章で詳しく述べるが、ここでは京城での葬儀を終えて、お墓へ埋葬するために移動する様子を日記本文で見てみよう。

祖父の葬体を棺にいれ日本馬車にお乗せしたが、棺が小さく良くなかった。私たちはタクシーに乗り京城駅へ向かった。後方におよそ十台のタクシーが行列を作った。京城駅で永訣式を行ったが、韓一銀行員、漢城銀行員及び大勢の出席に感謝する。

［一月十三日］

祖父の家は笠井町（現・乙支路洞《ウルチロドン》）にあり、京城駅までは四キロ弱の距離となる。タクシー十台で移動している点、二つの銀行から永訣式に参加者がいた点にのみ、ここでは着目したい。タクシー十台というのはかなり裕福であったと想像される。

二つの銀行はともに、一八九〇年代に朝鮮人たちによって設立された、朝鮮における銀行業の先駆者的存在である。この二行の内でも、韓一銀行はY君一族と強い結びつきがある。日記の中で十回にわたってお金を引き出す記事があることから、一家のメインバンクであったことは間違いない。加えて、七月五日の日記にはわざわざ**「韓一銀行株主総会」**と見出しのように書かれているのに加え、八月十三日には**「韓一銀行小使李鐘世」**、従兄弟と一緒に麻雀をして遊んでいる。このように家族にまで関わるような深い関係を築いていた理由は、伯父にあった。Y君の伯父は、韓一銀行の取締役業務課長事務取扱兼本店支配人だったのである。

問題を起こす叔父

父の兄弟は、もうひとりいたことが確認できる。こちらは問題を引き起こす存在として、日記に度々登場する。理由は分からないが、この叔父のあだ名は「ガラス瓶」と書かれている。中身がないということだろうか、考えていることがなんでも見通せるということだろうか、だとしたらかなり辛辣なあだ名である。普段はY君も一緒に将棋をしたり、遊びに行くなど、仲良く楽しい叔父である。しかし、五月一日の日記によると、下女と大喧嘩をしたようで、翌日まで**「闘争の余波が」**及んでいたという。この程度はまだ朝飯前で、五月二十日には警察のお世話になっていたり、七月には、本がなくなったと思って探していたら、この叔父が売り払ってしまっていたこともある。八月三十一日にはついに、Y君の父から**「懇々とした訓戒」**を受けており、それに対するY君の感想は**「まだ改心していないのか⁉」**であった。何をしたのかは不明だが、十四歳の甥にこのように言われてしまう叔父であった。また、この叔父は俳優になろうとしていたという話もある**［九月二十二日］**。ともかく、枠に収まらない行動をする叔父であった。

▼仲良しのいとこたち

叔父ともよく遊んでいたが、より多く遊んでいたのは、従兄弟たちである。家をよく行き来しており、食事を一緒に囲む機会もしばしば見られる。伯父の子供は、長男・長女・次男の三名で、特に長男はY君と年齢が同じであり、校洞普通学校・京城第一高等普通学校と同じ学校に通学している。日記の中では名前の後に「兄」や「従兄」とつけられていること、しばしば敬語が使われていること、そして一月十五日の日記に**「伯母がいらっしゃって『どうして兄を外で寝かせるのか‼とんでもない話だ』と言った。あ**

あ、その時の私は悔しかったが、横にどいた」と書かれていることから、この従兄弟が直系の長男であったと想像される。ただ、この「悔しい」という表現はこの一回だけに限られたもので、他の部分ではとにかく仲良く一緒に遊んでいる。そして、同じ学校の同学年ならではのやりとりだが、よく宿題を貸してもいた。

次男は一九二〇年生まれで、一九三〇年には校洞普通学校に通っていた。長女については、日記と他資料の間で名前に違いがあるが、これが同一人物であると仮定すると、一九一八年生まれとなる。日記でも名前が列挙されるときは、長男—長女—次男の順番で書かれていることから、同一人物の蓋然性は高い。一九三五年には淑明女子高等普通学校に通っていることから、一九三〇年にはどこかの普通学校に通学していたと推測される。一九三〇年当時は貫鉄洞に住んでおり、瑞麟洞《スリンドン》への引っ越しを考えていることが八月二十二日の日記の中で書かれ、実際に十一月に引っ越したとの記載がある。一九三五年の他資料でも現住所が瑞麟洞となっている。

韓国では「父親の従兄弟の妻」を「堂叔母」というが、この日記にはこの堂叔母の子供と類推される、Y君と近い年頃の親戚が登場する。筆者の感覚で言うともはや赤の他人だが、長男・次男・長女の三名おり、長男はやや年齢が上のようで登場する回数は少ない。次男とは図書館など様々なところへ一緒に出かける約束をするなど、従兄弟たちと同じくらいの頻度でよく遊んでいた。長女については、まだ幼かったようで、八月二十二日に校洞普通学校に通学させるかどうか議論していることから、就学前だったことがわかる。永楽町あるいは東崇洞《トンスンドン》に家があったと思われる。

▼「近代」を取り入れた一族

ついで母親について見てみたい。母親についてわかることは、さらに少ない。その姓は洪《ホン》氏だが、名前も生年も不明である。

ただこの日記には、バイオリニストとして、そして朝鮮歌曲として名高い「鳳仙花」の作曲をしたことで有名な洪蘭坡《ホン・ナンパ》（一八九八〜一九四一）が、「外叔」つまり母親の兄弟として登場する。洪蘭坡は一九二九年まで日本に留学しており、さらに一九三一年からはアメリカに留学するため、丁度その合間に、この日記に登場したことになる。さらに日記には、洪蘭坡の甥にあたる洪盛裕《ホン・ソンユ》も「兄」の呼称をつけて登場する**［八月二十三**

日】。母親と洪蘭坡が兄弟であるならば、Y君と洪盛裕は従兄弟になる。後に洪蘭坡と洪盛裕に李永世《イ・ヨンセ》を加えた三人で、韓国最初の室内楽団「蘭坡トリオ」を結成している。洪盛裕が日記に登場する際には、夫人で韓国最初の女性ピアニストとも言われる金元福《キム・ウォンボク》（一九〇八～二〇〇二）も同時に登場する。この金元福について、**「大変おとなしい方のようで、そして、日語に能通しているようだ」**とY君はその印象を記している。洪盛裕と金元福はこの日記が書かれた一九三〇年に東京音楽学校（現・東京藝術大学）を卒業しており、まさに朝鮮に戻った直後といえる。ちなみに東京音楽学校の同期には、韓国の国歌「愛国歌」を作曲した安益泰《アン・イクテ》（一九〇六～六五）もいたが、流石に日記には登場しない。

　このように母方の親族には、朝鮮における西洋音楽史では欠く事のできない人物が多く、日本留学経験者も複数いることから裕福な一族であったことが想像できる。

　日記が書かれ始めた当初から母は体が弱く、八月末に「帝国大学附属病院」で診察の結果、大手術をすることになったという**【八月三十日】**。病名については記述がないため不明だが、ひと月後の九月三十日に**「京城帝国大学附属病院病室西3〈の〉二号」**に

入院し、十月二日に手術を行った。その後、途中腹痛がひどい時期もあったようだが

【十月十五日】、日々具合が良くなっており、二十二日に退院となっている。手術をしたとはいえ、三週間を超える入院であった。この時には、Y君は学校が終わると病院へ通う日々を送っている。

退院直後と言ってもいい十月二十七日、Y君は父母と一緒に、明治町で買ったという元山産の牡蠣を食べている。また母親が体調不良になるのではないかと読んでいるこちらが不安になる。

ここでいう京城帝国大学附属病院は、一九〇八年設立の大韓医院にその淵源があり、併合後は朝鮮総督府医院となり、京城帝国大学設立と同時にその附属病院となった。今日でもソウル大学校附属病院として、東大門《トンデムン》から少し北に向かった大学路《テハンノ》にあり、一部ではあるが、当時の建物も現存する。一九三〇年代に西洋医学を受ける層は決して多くなく、「開明的」な一家であったと言えよう。

この他にも、父方母方含めて実に様々な親戚たちがこの日記の中には登場し、それぞれの家を行き来しながら生活を送っていたことが分かる。特に、一月に祖父が亡くなっ

たということもあり、親族が集まる機会が比較的多い時期だったのかもしれない。

ただ、この一族について言えるのは、京城の中心地の比較的狭い地域の中に集まって住んでおり、Y君の伯父が銀行の取締役となっていることに代表されるように、相当に裕福な階層に所属していただろうということだ。当時の財界で著名だった銀行家、閔大植《ミン・デシク》とも幼い頃からの知り合いのようで、成長したねと笑って言われたという記述もあり**【七月二十五日】**、財界とのつながりが強い一族だったと推察される。また、日記の記述者であるY君をはじめとして、近い年齢の子供たちの多くが普通学校はもちろん、高等普通学校／女子高等普通学校にまで通学していることに加え、母親も京城帝国大学附属病院で入院・手術をするなど、「近代」を積極的に取り込んでいた階層ということができる。

▼京城の構造——町と洞

Y君の住所は益善洞だったり楽園洞だったりするわけだが、一方で祖父の家は笠井町にあった。注目したいのは「洞」と「町」である。

京城が正式に京城と名乗る前、漢城や漢陽と呼ばれていた頃から、鍾路《チョンノ》の大通りよりも北側の、現在も王宮が多く残る地域を中心に朝鮮人が多く住んでおり、その後鍾路の大通りの南側にも朝鮮人が住む地域は拡大していった。日本による支配が強まっていくと、居留地にのみ住んでいた日本人も次第に漢城の城壁内に住むようになったが、空いている土地がなく、当時湿地帯であった、現在の明洞《ミョンドン》付近に集住するようになった。こうして統監府時代から植民地期に入るに至って、内地人は城内の南側を中心に居住し、朝鮮人は北側を中心に住むようになっていった。一九一四年の府制施行と同時に、清渓川より北側では「洞」が使用され、南側では「町」が使われるようになった。結果として、おおよそ朝鮮人の集住地区が洞、内地人集住地区が町となり、それぞれ「北村」「南村」と通称されるようになっていく。

この日記の中で地名が出てきた際には、「洞」なのか「町」なのかに注意を払っていただきたい。「洞」であれば、京城の中では北側で朝鮮人が多く住む地域・北村、「町」であれば、南側で内地人が多く住む地域・南村となる。そして、内地人が住む地域を中心に新たな商業施設が作られていったため、「近代」を享受できる施設は南村に集まっていた。例えば、銀座をブラブラする「銀ブラ」のように、京城では本町通りをブラブラする「本ブラ」という言葉が生まれた。この本町通りとは現在の明洞あたりにあり、内地人の、そして朝鮮人のモガ・モボたちが闊歩していたのである。この本町通りの入り口に立っていたのが、三越京城店である。Y君はこの三越京城店が新装開店すると放課後に見に行くなど**【十月二十九日】**、北村「洞」と南村「町」を行き来しながら京城での生活を送っていた。

▼本書の構成

本書の目的は、Y君の日記を手がかりに、一九三〇年の京城に住んだ十四歳の少年の日常を垣間見ることにある。十四歳の日常といえば、その多くの部分は学校生活によって占められている。実際に日記の記述も多くは学校に関わる内容となっている。ほぼ毎日時間割が書かれており、学校の友人や先生との関係など、学校が生活の拠点であったことがわかる。一方で、放課後や週末、長期休暇などを中心に日常生活を垣間見ることもできる。先にも触れたが、同じ学校に通っていた従兄弟との関係は深い。この日記の中で展開するさまざまな出来事を、学校生活と日常生活の二つに分けて見ていこう。

第二章　学校生活あれこれ

▼Y君が通った学校

Y君が通った京城第一高等普通学校とは、どんな学校だったのだろうか。

その淵源をたどると、一九〇〇年に設立された漢城中学校にまで遡ることができる。この学校は、朝鮮最初の本格的近代化改革と言われる甲午改革（一八九四～九五年）の際に構想された近代的学校体系の一部をなす学校として、一八九九年中学校官制及び一九〇〇年中学校規則という二つの法律に基づいて設立された、唯一の中等教育機関であった。この当時の中等教育機関としては、外国語学校や医学校など、実学を標榜する学校はいくつかあったが、この中学校の特徴は、実学ではなく普通教育を行う唯一の中等教育機関であったという点にある。

「本校は兼ねてから由緒ある学校で朝鮮教育の発祥地とも目せられる学校である」と述べたのは、設立から三十五年後に行われた記念座談会での当時の校長であるが、中学校設立以前から存在していた実学系の学校ではなく、「本校」こそが朝鮮教育の発祥地であったのだという自負心を読み取ることができる。それは設立当時、朝鮮の教育全体を「改良」するために日本から朝鮮政府の学政参与官として派遣されていた、東洋史学者で教育行政官の幣原坦（一八七〇〜一九五三）が直接教鞭を執ったことからもうかがうことができる。このように中学校は、他の学校以上に重視されていたことがわかる。ちなみに幣原坦は、戦前は外交官・外務大臣として活躍し、戦後は首相として日本国憲法草案の作成に関与した幣原喜重郎（一八七二〜一九五一）の兄にあたる。

その後、漢城高等学校へと名称変更され、また、平壌にも高等学校が設立されたことで、普通教育を行う中等教育機関として唯一の存在ではなくなるが、数少ない中等普通教育機関として、大韓帝国期（一八九七〜一九一〇年）を通じて重要な位置を占め続けた。

日韓併合の翌年にあたる一九一一年、朝鮮における学校体系を定めた朝鮮教育令が定められた。この朝鮮教育令が対象としたのは、「朝鮮における朝鮮人の教育」であり、内地人はその対象ではない。つまり内地人向けには別の学校体系が準備されていたことになる。朝鮮における教育は「忠良なる国民を育成すること」、特に普通教育については「国民たるの性格を涵養し国語を普及することを目的」としていた。そのため、「朝鮮における朝鮮人の教育」を行った学校では、一部科目を除き教科書および教授用語は、ほぼすべての科目・学年で、国語＝日本語で行われることになった。また、教員についても多くは日本人であり、さらに言えば女性教員の数は限られていた。

朝鮮教育令によって高等学校は廃止となり、新たに五年制の高等普通学校が設置され、四年制の普通学校卒業生を収容する学校と位置付けられた。漢城高等学校も京城高等普通学校と名称を変更し、外国語学校と師範学校を吸収して、中等教育を統合した学校へと変貌した。

一方で、医学校や法官養成所は専門学校となって高等教育機関として位置付けられ、高等普通学校卒業生の進学先となった。中等教育機関の中でも高等普通学校の役割は、「言うまでもないが、大学予科や高等学校を通じて大学へ進学したり、直接法・医・商工・農業専門学校に進学する予備教育である」と言われており、進学を目指す学生たちが通う学校となった。こうして、初等教育機関―中等教育機関―高等教育機関の接続が明確になったと同時に、高等教育機関への経路として、高等普通学校が位置付けられたのである。

京城高等普通学校の所在地は、戦前は一貫して現在の鍾路区華洞《ファドン》にあった。華洞は景福宮と昌徳宮に挟まれた場所で、Y君の住む楽園洞から北へ徒歩十五分程度の距離にある。王宮に挟まれているということからも分かる通り、文字通り京城の中心地に位置している。安国洞《アングクドン》よりさらに北、若者の注目を集める益善洞のやや北西となる。高等普通学校は、光復後に中学校と高等学校に分かれるなどやや複雑な沿革を辿ることになるが、後継校と言える京畿高等学校が一九七七年に江南区三成洞《サムソンドン》へと移転するまで、学校はこの地に建っていた。移転時には校舎の撤去が計画されたが、同窓生を中心に反対運動が起き、今日ではソウル教育博物館およびソウル特別市正読図書館の建物として使用されている。特に、ソウル教育博物館として使用されている建物は登録文化財として指定されているが、この校舎は一九五五年に建設された校舎であり、残念ながらY君が通った校舎ではない。

▼当時の学制――内地と朝鮮の違い

高等普通学校を卒業した生徒たちが次に向かったのが高等教育機関である。高等教育機関の中で比較的早い時期から設立されていた学校が専門学校である。官立で言えば京城法科専門学校や水原農林専門学校などがそうで、今日のソウル大学校へと続いていく。一方で私立の専門学校も一九一五年以降次々に設立され、延禧専門学校とセブランス医学専門学校は今日の延世大学校、普成専門学校は高麗大学校の前身となった。

一方で、大学が朝鮮半島に設置されるのは、一九二四年の京城帝国大学予科設置および一九二六年の京城帝国大学開設まで待たなければならなかったし、植民地期朝鮮において大学はこの一校しか存在しなかった。逆に言うと、京城帝国大学設置以前に大学進学を目指す場合には、留学という選択肢以外は存在しなかったのである。

但し、留学を決意したとしても問題は残る。それは就学年限の問題である。内地では尋常小学校（六年）→中学校（四〜五年）→高等学校（三年）を経て大学へ入学するのだが、一九一一年の朝鮮教育令では、普通学校（四年）→高等普通学校（五年）しかなく、合わせても修業年限は九年に過ぎない。これでは、最短でも十年の修業期間ののちに入学できた内地の高等学校へ進むことはできなかった。この修業年限の短さの問題は、一九二二年の第二次朝鮮教育令で普通学校（六年）→高等普通学校（五年）となるまで続いた。つまり、一九一〇年代に高等教育を求めて日本に留学すると言っても簡単なことではなかったのである。しかし、既に紹介したY君の母方の音楽家たちもそうだが、日本への留学者は陸続として現れており、朝鮮人教育は朝鮮半島内で完結していなかったと評することもできるだろう。

一九二六年に開設された京城帝国大学には予科を設置していたため、高等普通学校卒業後にこの予科に進むことで、京城帝国大学に入学できるようになっていた。

もっとも、予科へ進学することと高等学校へ進学・卒業した場合とでは差があった。それは、大学の選択の幅である。高等学校を卒業した場合、帝国大学の中から進学希望先を出すことが可能だが、京城帝国大学予科の場合は、京城帝国大学にのみ進学可能となる。とはいえ、高等教育機関への入学を考えた場合、朝鮮人にとって高等普通学校は「正規のルート」に位置付けられていく。

ちなみに一九一〇年代には朝鮮半島に住む内地人向けに、内地と同じく尋常小学校（六年）→中学校（四～五年）の学制が整備されており、高等学校への「留学」には何ら問題は発生しなかった。朝鮮人向けの学校（普通学校・高等普通学校）とは名称も違うことに気を付けたい。『李陵』や『山月記』で有名な中島敦（一九〇九～四二）は、父親の仕事の関係で、尋常小学校五年の時に朝鮮へと渡った。一九二二年に京城府龍山尋常小学校を卒業、同年京城中学校に入学し、優秀な生徒たちにのみ許された四修、つまり修業年限の五年ではなく四年で京城中学校を卒業して（一九二六年）、東京の第一高等学校に入学している。朝鮮人とは違い、中島敦をはじめとする内地人の場合は、内地と朝鮮をシームレスに移動しながら教育階梯を進むことができたのである。

さて、今回はY君が男性のため、男性に関する教育課程について話を進めてきたが、女性についても、男性とは別の教育機関が準備された。初等教育機関は、共学の普通学校であったが、中等教育機関以上は、男女別学となっている。朝鮮では、高等普通学校に対応する形で女子高等普通学校が、中学校に対応する形で高等女学校が設置されていたのである。

▼義務教育ではなかった普通学校

続いて、就学率について見ていこう。

植民地期朝鮮の就学率については、すでにさまざまな研究がある。初等教育機関である普通学校ですら義務教育は導入されなかったため、学校数やクラス数という収容人数の問題と、児童・生徒が支払う授業料や教科書代金という経済的問題に左右されながら、就学率は推移していった。

例えば、一九四〇年に普通学校を舞台に朝鮮で製作された映画のタイトルは『授業料』（崔寅奎《チェ・インギュ》監督）であった。この映画は、家計の問題で授業料を払えなくなり普通学校を辞めざるを得なくなった少年のために、クラスメートたちが募金をして学校に通い続けることができるようになったというあらすじである。

このストーリーは、『京城日報』が行った綴方（作文）大会で朝鮮総督賞を受賞した作品を原案としており、初等教育機関において授業料未払いは特殊な問題ではなかったことがうかがえる。ただし、この映画では、授業料未払い問題を解決するために、クラスメートたちが発揮した「級友思いの温かい心」と行動力が称賛されている。なぜ、普通学校に通う児童が授業料を払うことができないような状態にあるのか、に対する朝鮮総督府側の内省は、この映画からは微塵も読み取ることはできない。

経済的な困難と隣り合わせの中においても、普通学校への入学希望者は決して少なくなかった。一九一〇年代前半を除いて、恒常的に入学定員を上回る入学希望者がおり、一九二〇年以降、朝鮮総督府が実施した普通学校増設計画である「三面一校計画」あるいは「一面一校計画」などによって、一面つまりひとつの村に一校ずつ普通学校が設置された後でも、入学定員を上回る入学希望者が殺到していた。

教科書についても、例えば修身の教科書は朝鮮神宮から無料で配布されるなど、教科書購入という経済的負担を減らす方策が取られるなどしていた。その結果、植民地期を通じて、男子に限れば、最高で七十％近い就学率を記録することになる。但し、通学している生徒の中には、経済的な理由によって中途退学し、また経済的に余裕が生じると復学するというような通い方をする者もいた。つまり、植民地期の朝鮮の人々は日本による学校教育を求めていた、しかもかなり熱烈に求めていたのである。ただ気を付ける必要があるのは、なぜ朝鮮人たちは日本の学校教育を求めていたのか、にある。知的な欲求や学的好奇心、あるいは就職へのカギとなる卒業証書、さまざまな要因が複雑に絡み合った結果であることは間違いない。

▼高等普通学校進学は激烈な競争

ついで、この普通学校を卒業した生徒が通った高等普通学校はどうであったのか。

植民地期を通じて、十七校の官公立校と十校の私立校の計二十七校が設立された。主に都市部に設立されたが、やはり京城に集中していて、京城第一高等普通学校のほか、一九二一年に設立された京城第二高等普通学校に加えて私立校六校が存在した。その中でも最も長い歴史を持つ学校が、まさにY君が通学した京城第一高等普通学校である。「京城の第一高普は十三道の粋を聚めた学舎であると世間の人々は云ふやうである」と、同窓会誌に書かれている。この「十三道」とは朝鮮半島全体をさすので、この記述からは、京城第一高等普通学校は朝鮮半島の中ではトップの中等教育機関である、という自負心を持つ学校であったことが分かる。

一九四二年段階で普通学校は全国各地に合計三千二百六十三校あったが、高等普通学校は二十七校に過ぎない。この圧倒的な学校数の差は、当然生徒数の差でもある。つまり、普通学校から高等普通学校への進学には、激烈な競争を突破する必要があった。例えば、一九二八年の新聞記事では、「各高普入学難　定員の二倍以上」と見出しを打った記事が載っているが、その中でも第一高普は募集定員二百名に対して志願者千二百名、第二高普は募集定員百五十名に対して志願者九百名余りと、それぞれ六倍に達する競争率になっていることを伝えている（『東亜日報』）。見出しの「二倍以上」という言葉を遥かに超える競争率を突破しなければ、高等普通学校に入学することは叶わなかったのである。日記の主人公Y君は高等普通学校の中でも、最も厳しい競争を突破した、いわばエリート予備軍と言える。

入試科目は、京城第一・第二高普ともに国語と算術だったが、私立高普の一部学校では、上記二科目に加えて、朝鮮語の試験を課していた。入試問題については、早くも一九二七年の段階で、「可及的平易」で「問題数は多く」し、出題範囲は普通学校六年次の教科書に限定するよう指示が出されている。同時に、試験による一発勝負を避けるために、「初等学校長が作成送付する所見表を最も有力に参案して及落を判定すること」という指示も同時に出されていた。これは逆読みをすると、この指示以前は、難解で、教科書の範囲を超える出題がされていたと想像できる。では、実際に一九三一年に京城第一高等普通学校の入試問題として出題された問題を見てみよう。

科目は国語・算術の二科目だが、科目ごとにその一とその二に分かれていた。国語その一及びその二をそれぞれ五十分、算術その一及びその二をそれぞれ五十分の総計二百分間にわたるテストとなる。なお問題文は全て日本語で書かれていることは強調しておきたい。

国語その一は、大問四問で構成され、大問一は、ダーウィンと進化論に関する読解問題だが、分量は百五十字程度の短文である。大問二は古文調の文章を口語に直す問題で、大問三は、文章の誤字添削問題だった。大問四は作文で、テーマは「朝」となっている。国語その二も大問四問で構成され、大問一・二はやや古い言い回しの文章の意味を答える問題、大問三は漢字にふりがなをつける問題が十五問、大問四はカタカナの部分を漢字で書く問題十問となっている。実際の問題を見てみよう。その一大問二はこのような問題であった。

左ノ文ヲヤサシイ口語デ云ヒアラハシナサイ

朝日夕日を負ひて、島がくれ行く白帆の影ものどかなり

日本語での日常会話だけではなく、いわゆる古文調の文章にも通じる必要のある問題が出されていることが特徴と言える。加えて、漢字の読み書きの比重が高い。朝鮮でも漢字を使用するとはいえ、日本語の読み方に精通する必要がある問題構成となっている。

続いて算術の問題では、基本的に式と運算と答えを書くよう指示が出ていた。算術その一では単純な計算問題一題といわゆる一行問題が四題で五十分となっている。単純な計算問題と言っても「(96×85＋5.4×0.26)÷12＋0.82×35.7－703.891」という問題であり、それ相応に時間がかかる問題といえる。その二も基本的には一行問題五問で構成されているが、やや文章自体が長くなっている。たとえば以下のような問題が出題されている。

甲乙二人ノ持ツテ居ル金高ハ同ジデアル。甲ハコノ金全部デ某会社ノ株券五十円ノモノヲ時価八十円デ五株買入レ、年一割二分ノ配当ヲ受ケ、乙ハ年利率六分六厘デ

銀行ニ預ケタ。一年間ニハドチラガドレダケ得カ。某会社ノ決算ハ年一回デアル。

この問題に関しては、算術の問題ではあるが、国語の問題あるいは社会科の問題ではないかとすら思うほど、実社会に密着した出題となっている。時価・配当・年利・決算などの用語を知らなければ、計算すらできない構成と言える。

これらの問題は、今日の中学受験の問題と比べれば確かに平易と言えよう。しかし、日本語が母語ではない十二歳の朝鮮人少年が解いた問題であると考えると、「可及的平易」とは言えないと筆者の目には映る。このような問題を解き、試験を突破したY君たちは、やはり朝鮮人エリートへの階段を登り始めた存在ということができるであろう。

▼日記に書かれた授業内容

Y君の日記の中で、一つの典型的な記述を見てみよう。

三月三日

今日朝まで雨が降った　そのため外套とセーターを着て登校した　近頃鉄棒を習おうと努力しているが到底熟達する見込みがない。　学校　第一時間に朝鮮語文典をした　鄭先生が前日丙組で辱めを受けたため、うまく授業するように努力していた　第二時間　図画　先週描いた模様に彩色をした　午後からは快晴になり天気も温暖だ。　第三時間　英語と第四時間日文は交換となった。　日文では自習をして英語では第二学年度の単語帳を先生に提出した　弁当時間に弁当を食べず　故に家で心配された。　家に帰りご飯を食べた後沈医師に薬代未納分の支払いをし、貫鉄洞によってきた　午後十時電灯が二三度消えた。

学校での授業内容や時間割変更など、かなり詳細な記述がある。毎回ここまで詳細な記述があるわけではないが、学校があった日に関しては、授業変更や一部の科目については毎回のように授業内容について書き残している。例えば、授業中に博物の時間にハエについて学ぶと、「ハエは本当に恐ろしく汚い昆虫であることに気がついた」「三月七日」と書き、農業で鶏について学ぶと「鶏を飼うことは朝鮮人に実に有益だという観念

●法令における毎週教授時数と日記記載の比較

○法令	
修身	1時間
国語及漢文	8時間
朝鮮語及漢文	3時間
外国語	7時間
歴史地理	3時間
数学	4時間
博物	2時間
図画	1時間
体操	3時間

○日記	
修身	1時間
日語・日文・漢文・文法・習字	7時間
朝鮮語・漢文	3時間
英語・英作文	7時間
歴史・地理	3時間
代数・幾何	4時間
博物・動物	2時間
図画	1時間
体操・教練	3時間
農業	1時間

が徐々に強まった」［二月八日］と書き記す。Y君は授業内容をそのままうけとめる非常に素直な生徒であるように見受けられる。

このように、毎日授業に関する記載が多いことから、一週間でどのような授業をどれだけの時間数受けていたのかを明らかにすることは極めて容易である。そこで、ある一週間の日記の記載と、当時施行されていた高等普通学校規定の二学年毎週教授時数と比較すると、上のようになった。日記の科目名は日記に書かれた科目の名前をそのまま記載している。

授業時間数は共に三十二時間で同じに

なっている。但し、日記では「国語及漢文」に該当する時間が一時間少なく、代わりに「農業」の時間が配当されている。法令上では四学年から毎週二時間「実業」が配当されているが、それの前倒しではないかと推測される。

科目名でやはり目に付くのは「国語」の授業について、「国語」と呼ばずに「日語」や「日文」と呼んでいる点である。日記全体を通じても「国語」と呼んでいるのはわずか一回のみであった。Y君の中で、日本語を「国語」と呼ぶことに対する違和感のようなものがあったのではないだろうか。この問題については、後段でも触れる。

もう一点、植民地期の教育について論ずる場合に、「国語」教育に力を注いでいたことがしばしば強調される。確かに、最も多くの時間が配当されているのは「国語」であったし、日記から浮かび上がった時間割でも「国語」教育には多くの時間が割かれていることがわかる。また、その他の科目も教授用語は原則的に日本語であったことも加味すれば、「国語」重視の教育が行われていたと言える。

同時に英語の時間数も「国語」と同じだけ実施されていることも忘れてはいけない。すでに述べた通り、Y君はこの日記を一時期英語で書いている。英語単語帳の提出があったり【三月三日】、登校前の予習などでしばしば英語の勉強をしており、日記を見る限りでは「国語」はあまり勉強しておらず、最も時間を割いて勉強している科目は英語であった。「国語」はすでに使えるようになっていたからかもしれないが、現在の中学生や高校生と同じように、この当時から英語が重要な科目として位置付けられていた様子を見ることができる。

科目名で、もう一つ指摘したい。それは「体操」の時間が、日記では「体操」と「教練」という二つの呼び方になっている点である。体操は今日の体育と同じくさまざまな競技や運動を行っているのに対し、教練はゲートルを巻いて授業に臨むなど、軍事色の強い教科となっている。

教練は、内地では一九二五年に定められた陸軍現役将校学校配属令によって各学校に配属された現役将校による授業であった。日記には、教練を担当した教員の名前も見ることができる。一月の教練の授業では、担当が「設楽先生」だったのが、四月二十四日に「軍隊の教練先生」が着任したようで、十一月十二日の授業では「内木場先生」が担当し、同じ月には、二高つまり京城第二高等普通学校から教練の先生が見学に来ていた。

職員録を見る限り、「設楽先生」のフルネームは設楽利雄で「教諭」として在職していることから、師範学校出身の学校教員と考えられる。一方、「軍隊の教練先生」である「内木場先生」つまり内木場徳之助は、嘱託として一九三〇年から一九四二年まで在職していた。この嘱託という職名が示す通り、師範学校を出て資格を持った教員ではないと想像され、現役将校であったと考えて間違いないであろう。内地では一九二五年から始まった現役将校の配属及び教練の授業は、朝鮮では師範学校や主に内地人が通う学校で実施されていた。それが、一九三〇年二月の段階で、同年より朝鮮への将校配属が決まり、私立専門学校や公私立実業学校・高等普通学校へと拡大していくことが決められていた。この動きを、一連の日記は記録していたと言える。

もう少し具体的に授業内容について見てみよう。朝鮮語の授業は朝鮮人の先生が担当しており、ハングルを制定した『訓民正音』の暗記が課されている。この『訓民正音』も漢文とハングルの混用で書かれている本と、ほぼハングルのみで書かれている本が存在するが、授業ではどちらを使用して暗唱していたのか、これも気になるところではあるが、残念ながらはっきりとは分からない。暗唱させる課題は多かったようで、Y君は英語でも英語詩の暗唱に苦労している。

国語の授業では、徳富蘇峰や夏目漱石、田山花袋など、内地の学校でも国語の時間に登場しそうな人物の作品を学んでいる。Y君は、のちにも触れるが、放課後に書家の字を手本に習字を時々行っている程度に習字は得意であった、あるいは好きであったと考えられる。しかし、かな文字は違ったようで、**「日本仮名を書くことが難しいため今日は清書ではあったが練習した」［二月十二日］**と述べており、習字の時間には日本語の習字も行っていたことがわかる。

生物の時間には一人ひとりにバッタを配ったり、化学の時間では、酸素や水素の発生の実験を行うなど、講義だけではない授業が実施されていた。もちろん実験でも失敗があり、**「化学実験ではチョゴリのそでに希硫酸をこぼしたので昼食時間に見てみると其の場所が焼けて」**おり、同日夕食後に修繕に行ったりもした**［六月十日］**。この実験失敗でもう一つ着目したいのが、服装である。この時期の高等普通学校の集合写真を見ると、多くの場合学生服を着ているが、通常の授業では「チョゴリ」、つまり朝鮮の伝統的な服を着ていたのである。

教練の授業は、ゲートルや脚絆を巻いて授業に参加し、「斜進、直進」などを行っている。このほか、京城法学専門学校の運動場まで行って**「斜進、直進等教練を行い、十字閣でまがり、安国洞から我が校へ帰ってきた」［十一月十二日］**こともあった。この引率は内木場先生であり、先述のように、軍隊から派遣されてきた人物である。

京城法学専門学校は、景福宮から南にまっすぐ伸びる光化門通り沿いにあり、現在ではKTの光化門支社の位置になる。徒歩でおよそ二十分程度の距離だが、わざわざそこまで行って教練の授業をした理由については不明である。ちなみに「十字閣」は、景福宮を守るための望楼であり、光化門を挟んで東西に存在したが、ここで出てくるのは東側の十字閣であり、今日も道路の真ん中に取りのこされるように立っている。

一方で体操の授業は、鉄棒や先述の〈ロクボク〉、スケートダンスや「デッドボールー」など今日の体育でも行う内容となっている。「デッドボールー」はドッヂボールのことである。元々は「デッドボール」と呼ばれていたものが、一九二〇年代半ばごろから名称が変えられていった。Y君は旧式の名称を使っているのである。

体操の競技としては、特に肋木の登場回数が多く、「変な運動」をしたとしばしば書かれている。スケートも授業の一環で行われており、授業を早めに切り上げて、校外授業の形式で実施されている。一月十八日の日記を見ると次のような記載がある。

今日は三学期最初のスケートをする日だ。そのため三時間だけして、二時までに昌慶苑に集まることとなった。しかし私は風邪気味であったし、家でも行くなとおっしゃるので、行かないこととして、先生に風邪だと言い訳をして早退したが、早退願がないと長い間頑固に言われた。

昌慶苑は今日の昌慶宮のことだが、詳細については後で触れることにしたい。生徒本人の風邪気味という言い訳に対して、先生が早退願を要求するこの綱引きの様子は目に浮かぶようである。いずれにしても、早退願が必要なことからも分かる通り、授業の一環としてスケートが実施されていたことが確認される。

もう一点注目したいのは、十二月二十二日に行ったラクビーである。

一九三〇年代前半、朝鮮のラクビーは日本を席巻していた。今日の全国高校ラクビー選手権大会の前身である全国中等学校ラクビーフットボール大会は、一九二五年度から外地の学校にも門戸が開かれ、早速同年には満洲代表だった南満洲工業専門学校が準優勝に輝いている。朝鮮代表は一九二九年度ベスト四になった京城師範学校が、一九三〇年度から三年連続で優勝し、翌三四年度も準優勝に輝いている。この三四年度は満洲代表の鞍山中と台湾代表の台北一中の両校優勝となっており、京城師範学校も加えてベスト四のうち三校が外地校という年となった。この翌年度からは、朝鮮代表は京城師範学校を予選で破った私立高等普通学校となっていく。一九三六年度は、培材高等普通学校が全国大会初出場初優勝をとげた。培材高等普通学校ラクビー部は一九三二年に創部され、わずか五年目で優勝を飾ったことになる。この年の決勝戦の対戦相手は、台湾の台北一中であり、外地校対決となった。続く三七年度は養正高等普通学校がベスト四となっている。

京城師範学校は朝鮮人と内地人の混成チームであるが、高等普通学校は、「国語を常用しない者」つまり日本語を常に使用しない者＝朝鮮人の通う学校であるため、朝鮮人によってのみ構成されたチームであった。全国中等学校優勝野球大会では、一九三一年に台湾の嘉義農林学校が準優勝している。この話を元に、台湾では映画が製作され（『KANO 1931海の向こうの甲子園』二〇一四年）、日本でも公開されるなど話題になったが、ラクビーではそれをはるかに凌ぐ水準で外地校が活躍しており、ぜひこちらにも注目が集まることを願ってやまない。

▼試験にまつわるエトセトラ

普段の授業の成果を確認するため、今も昔も実施されるのが試験である。それは同時に生徒たちが学校生活の中で最も緊張する時間でもある。**「明後日三十日から第一学期臨時試験だ、即ち学生の生き地獄？」［五月二十八日］**という記述がその緊張感を伝える。既存の研究でも植民地期の学校では中途退学者が多いことが指摘されており、その理由として経済的問題と並んで学業不振があった。義務教育ではないことに加え、エリート校であったからこそ、落第は身近な問題として存在していたのであろう。

実際にこの日記の中でも落第した友人が登場する。一月から三月まで毎月のように一緒に遊んでいたある友人が、新学期が始まってすぐの四月三日に偶然道で会ったところ、落第した様子だったという。その後も二回日記に登場するが、三月までの頻度と比較すると会う回数は激減していた。

試験といえば、試験前でのノートの貸し借りで、なかなか返って来ずに焦るというような経験は多くの人にあると思う。Y君も**「英語自習書はSが借りて行き、今日持ってくるといった日だ。もし持ってこなかったら私は明日の考査は当然落第点を取るだろう。朝からそれほど経たずに持ってくるかどうか心配していると、ATLAST！ 心配は現実となった。」［十一月二十三日］**という状態に陥っている。その後、待てども返ってこない英語自習書を新たに買いに書店に行ったが入手できず、別の友人に貸してもらって、二十一時三十分まで勉強した結果、落第点は免れたようである。これもある意味、「学生の生き地獄」であった。

この日記で実施が確認できる試験は、三月中頃、五月末の一学期臨時試験、七月中頃と十一月下旬の学期試験の四回になる。三月の試験は記述が少なく詳細は不明だが、五月と七月の試験はそれぞれ五日間と六日間にわたって実施されていた。特に七月は試験終了と同時に夏休みに突入するため、試験最終日は**「長かったようで短い六日間の難し**

い試験の最後だ。早くに起きたが今日を終えれば、試験が終わると思うと心が湧き立つ。だからか、朝はしっかりと勉強できなかった」［七月十六日］、とすっかり浮かれた様子で最終日に臨んでいる。

Y君は繰り返し述べてきたが、エリート予備軍とも言える存在で、十四歳にして、母語の朝鮮語はもちろん日本語もかなりでき、英語も勉強している生徒で、学習態度なども真面目なように映るが、時々幼くも素直な側面を見せてくれる。

一方でズル賢いところもあった。**「第五時間に幾何考査。第五時間の幾何考査では甲組と問題が同じなので、甲組が考査をした後に、こっそり我が組に教えてくれたため、我が組の半数は大きなカンニングをしたわけだ。私もそのカンニングをしたが、当然である。」**［十二月八日］。カンニングを当然と言ってしまうのは、やはり問題はあるが、同じ試験問題を時間差があるクラスで実施することもあまり褒められた試験のやり方ではない。こういった「要領の良さ」も持ち合わせていた。

学期試験の内容はどうであったのか。生徒たちを苦しめていた試験問題について分かるといいのだが、それに関する記述は極めて限定的で、修身の問題二回分のみ知ることができる。実際の問題は、**「一　悲観を楽観に帰する方法、二　付和雷同の害」「七月十五日」**と**「自助と孤立の別を説明しろ」「十一月二十六日」**という問題であった。この設問を見る限り、一九三〇年当時では、皇国臣民化の色彩はまだそれほど強くなかったように見受けられる。なお、七月の試験に関して、Y君は**「先生の言葉と教科書の要点を抜き取り、一大論文を作成」**し、十一月の問題については、**「必ず問題として試験に出ると確信していた物で、完全に解答した」**ようである。

また、抜き打ちテストに関しては、今日と同様に生徒の中でもさまざまな憶測を呼んでいた。

学校内では今日博物（生理）考査を施行すると言う風評と施行しないという風説が両方あり、いずれを信じればよいのか分からず、心が落ちつかなかったが、第二時間に丁組でついに考査をしたため、にわかに精神が緊張して私も校内で勉強した。しかしどうして頭に入るだろうか。丙組も考査した後、ついにO! at last私たち乙組も考査を行った。幸いに私は良くできたようだ。生徒の自身成績批評で

私は九十点の点数を書いて提出した。［十一月十三日］

現在の学校でもよくあることだが、抜き打ちテストが今日あるという噂と、ないという噂が乱れ飛んで戦々恐々となっている様子が見られる。結局他のクラスで実施していることが分かり、慌てて勉強した結果、無事に良い点数を取れたようだ。興味深いのは自己評価をしていることであろう。九十点とはなかなか強気な自己評価ではある。

この話には続きがあり、翌日も同様の噂が飛び交った。しかし、**「英作文考査をするかもしれない。そのため全クラスが所謂戦々恐々となり、気がかりだったが、うそだった」［十一月十四日］**ためことなきを得たようである。ちなみに英作文の担当は〈シボリ〉とあだ名をつけられた、生徒たちから恐れられていた葛岡先生であったため、戦々恐々ぶりは相当のものだったと想像される。

さて、このように生徒たちに緊張を強いてきた試験制度の変更が、夏休み明けの九月に突如として発表された。法令上は師範学校規程・中学校規程・高等普通学校規程・高等女学校規程・女子高等普通学校規程・実業学校規程と中等教育機関のほぼ全てにわたって、それぞれ「各学年ノ課程ノ修了又ハ全学科ノ卒業ヲ認ムルニハ平素ノ学業成績ヲ考査シテ之ヲ定ムベシ」という一文を挿入するにすぎない改訂であった。しかし、同改正と同時に朝鮮総督府訓令が発表されており、そこには「試験ノ為ニ勉学セシムルガ如キ弊」を改め、「自学自習ノ気風ヲ養成」することを目的とした改正であることを明らかにしていた。この改正に対する世間の注目度は高く、新聞でも一面と二面を使って、中等教育機関における学期試験の廃止を伝えていた。

この影響を最も強く受ける、当の生徒たちはいかに受け止めたのか。日記を見てみよう。「昨日学年試験、学期試験がどうであったか、試験制度を撤廃して平常時考査にするという官報が来たと（新聞で）見た。こうなると学校では先生の意見もさまざま」［九月十八日］あったようで、「先生の閻魔帳活躍時代到来」［九月二十日］という話が飛び出すなど、混乱している様子がうかがえる。

しかし実際には、「今週は考査週間といっても言い過ぎではあるまい」［十一月十八日］、「学生の間の雰囲気はとても緊張している。今日は暖炉をつけないのでとても震えた。第三時間に朝鮮語考査をした。普通試験と何が違うのか？」［十一月二十一日」など、実質的には学期試験が継続して実施されていたと捉えられたようで、大きな変革には至らなかった模様である。ただし、成績通知表については、十二月の学期末に「新たに規定された考査法の産物である通知表」「十二月二十四日」を受け取っており、形式上の変化は起こっていたようである。ちなみにこの時、Y君が受け取った通知表の結果は「平均は甲」「十二月二十四日」と、大変優秀な結果だった。

▼あだ名もあった教員たち

生徒の視点から見た教員の姿もなかなかに興味深い。例えば「第四時間目には教練だが、先生が教室で話をすることになった。設楽先生式で相変わらず笑ってしまった。しかし、それは年下の椙原先生より地位が弱いことに対する不平と弁明と同じだった」「一月九日」であるとか、「第一時間に朝鮮語文典をした　鄭先生が前日丙組で辱めを受けたため、うまく授業するように努力していた」「三月三日」、「椙山先生が校長の目に付こうと、私たちに訓話する態度が私たちに多大な不快感をあたえた」「九月二十二日」など、教員たちの葛藤や内心を鋭く見抜いている発言にはハッとさせられる。

話の上手い設楽先生については、ひとつの事件が浮かび上がっていた。日記の記述を見てみよう。

第二時間　体操　設楽先生が、自分が病気であることも顧みず登校したのは一昨日の紀元節にS君をあやまって殴ったことに対し謝ることを願ったためであると。私たちみんなにも謝り体操はしなかった。［二月十三日］

日記には、二月十一日に設楽先生がS君を殴ったというような記述はない。しかし、クラス全体へ先生が謝罪を行ったということは、大きな騒動になっていたものと想像される。当時の学校内に、暴力は確かに存在していた。しかし、いうまでもないが教員が無闇に生徒へ暴力を振るっていたのではなく、今回のように、場合によっては教員が生徒たちに謝罪することもあった。これ以降も設楽先生に対する反感は日記の中からは読み取ることができない。一方で、**「いつも三谷先生の生徒への対し方は不快で見るにたえない」［二月四日］**というように、反感を持っていた教員も存在していた。

また、今日と同様に、先生にあだ名をつけて、親しみを持ったりあるいはからかう姿も見られる。例えば、梶原先生には「トンデンイ」というあだ名があり、生徒たちから最も恐れられていた葛岡先生のあだ名は、前述のように日本語で〈シボリ〉だった。「悪いことをした時にこってりしぼられる」という意味から取ったあだ名のようで、実際に〈シボリ〉先生から**「わがクラスで十一名がaltogeiter《ママ》で〈シボリ〉を被った」【九月十二日】**こともあった。また、**「生ける屍」【五月五日】**と呼ばれる先生もいたし、校長に至っては**「皺のある顔は怒りで奇妙になり本当の双子の怪物様だ」【六月十六日】**とまで酷評されている。ちなみに校長の話に対して、Y君は**「馬肥天高という文節が出てきたが不適切な言葉ではないだろうか。氷まで凍る今日という日に！」【十一月四日】**という厳しい指摘をしてもいる。

しかし、なんといってもこの日記の中で最多登場回数を誇るのは〈モングリ〉あるいは「夢求理」またはⓂやMOこと吉崎先生である。なぜこのようなあだ名がついたのか、その理由ははっきりとわからないが、五月二十日の初登場以来、からかいの対象としてたびたび日記に登場する。

その多くは授業前に黒板にあだ名を書いておき、それを見た吉崎先生が反応して怒るのを楽しんでいる話である。この行動は他クラスにも拡大し、時に級長が先に消すなどしたため、最終的には黒板消しを隠す行為にまで発展し、担任の佐藤先生から怒られている**【六月二十七日】**。それでもめげずに、七月一日にも黒板に「we love Mr M」と書いて再度怒られている。あまりにも毎回黒板に書いていたためであろうか、七月八日には、**「今日は吉崎先生の授業時間にモングリと書いておかなかったので、モングリ先生大喜びで授業」**という状況にまで達した。年末にも大きな出来事があったようで、**「MONGRY先生時間の喜悲劇は、私の拙筆でどうして表すことができるだろう」【十二月二日】**と書かれているが、その内容は残念ながら分からない。

やや執拗にやりすぎではないかと思われるほど、集中的に日記に登場しているモングリ先生ではあるが、**「教授法が悪いのか、知識不足なのか、または私たちの注意不足なのか、仔細に先生の言葉を記憶できないことはクラス全体で一致」【九月十六日】**しており、教え方については厳しい指摘がなされてもいる。指導力はその「人気」に比べて、やや落ちていたようである。

このような悪戯は〈モングリ〉先生だけではなく、物理の時間にも**「ある学生が黒幕を閉めて黒板全部に落書きをしていたため先生に大変怒られ、長時間文句をいい、またわれわれを見て放課後に残るように言」「五月二十三日」**われているなど、様々な先生を対象に行われていた。

▼学校行事——遠足、演習参観

生徒たちが楽しみにする学校行事といえば、遠足・運動会・文化祭などが思いつく。この日記の中では、遠足が二回、修学旅行が一回、運動会と球技大会が一回ずつ行われている。残念ながら文化祭に類する行事は書かれていない。

まずは遠足から見ていこう。遠足は五月と十一月にそれぞれ一回ずつ実施されているが、まず驚くのが、日程の決定が直前だということである。五月の場合は二日前、十一月の時は四日前に**「今週内に遠足に行くと校長先生が宣言」「十一月四日」**している。日帰りで、かつ電車などを利用しないため、このような直前での決定が可能だったと思われる。

五月の遠足の行き先は北漢山だった。北漢山は、ソウルの北方にあり標高八百メートルを超える山である。今日でもソウルから多くの登山客が集まる山ではあるが、登山道は岩場も多く、相応の準備が必要な山である。この遠足は一～三年生が参加しており、年齢でいうと十代前半の生徒たちということになる。朝七時半に学校集合となっているが、北漢山山頂までは、京城第一高等普通学校から徒歩で片道五時間かかるため、早めの集合になったようである。

但し、Y君本人は、**「風邪を引いたという言いわけで七時半に学校まで行って帰ってきた」「五月九日」**ため欠席し、母親や叔母と一緒に近場の昌慶苑に出かけ、**「二高三年の見学、様々な小学・普通学校生徒の遠足を見」**ている。過酷な遠足を逃れるためだろうか、いずれにしてもこの行動自体はあまり誉められたものではない。

なお、「二高」は京城第二高等普通学校を指す。同校は青雲洞《チョンウンドン》にあり、景福宮の北西に位置するが、昌慶苑までは徒歩で片道一時間程度であり、道自体も北漢山へ行くのに比べれば、平坦である。また、路面電車も昌慶苑前まで走っているので、路面電車に乗ってしまえば、すぐに着いたであろう。比べてみると、京城第一高等普通学校の北漢山への遠足は、かなり過酷なもののように思える。

十一月の遠足先は奉恩寺だった。奉恩寺は、現在の江南三成洞《サムソン》にある、新羅時代から続く仏教寺院である。ソウルのコンベンション・センター「ＣＯＥＸ」に隣接していると言ったほうが、位置が分かりやすいかもしれない。三成洞は地下鉄二号線が走っているほか、地下鉄九号線には奉恩寺という駅もあり、今日では非常に便利な地域になっているが、Ｙ君たちが遠足で訪れた時は、京城府ではなく京畿道広州《クァンジュ》郡であった。京城府が漢江の南にまで広がるのは一九三六年になってからだが、その時も鉄道駅があった永登浦《ヨンドゥンポ》一帯のみの拡大であった。奉恩寺を含む現在の江南地域がソウル特別市に編入されるのは、一九六〇年代を待たなければならない。漢江は、現在ではソウル特別市の中心を流れる川というイメージだが、一九三〇年時点では京城府の南端を流れる川だったのである。

さらにいうと、現在漢江にかかる橋は、全部で二十七あるが、一九三〇年当時は京城駅から南に向かって伸びる鉄道が漢江を渡る漢江鉄橋と、そのすぐそばを鉄道と並行して人や車両が渡る漢江橋の二つしかなかった（今日の漢江大橋）。現在では永東《ヨンドン》大橋・聖《ソン》

水《ス》大橋・東湖《トンホ》大橋などを使えば江南地区へ直接渡って行けるが、一九三〇年には、漢江橋を渡った鷺梁津《ノリャンジン》付近から川沿いに東へ東へと移動する必要があったのである。もちろん、橋はなくとも渡し舟はあった。狎鴎亭洞《アックジョンドン》・清潭洞《チョンダンドン》・新沙洞《シンサドン》など現在では江南のおしゃれな街となっているあたりには、一九六〇年代まではそれぞれ渡し舟の発着場（韓国語で나루《ナル》）があって、江南の開発が進み、橋が次々と完成するに従ってその姿を消していった。ソウル地下鉄五号線に汝矣나루という駅があるが、この駅の位置にはもともと、汝矣島の渡し船の発着場があった。

以上の情報を前提として、遠足当日の日記を見てみよう。

前日から大変待ち焦がれていた遠足だ。目的地は奉恩寺。往復五十里の予定で朝九時に漢江橋に集まり、出発した。地理に詳しくないので多少遠回りし、また途中で漢江支流の阻隔があったため無事に奉恩寺に到着すると一時五十分。予定は十二時だったので二時までに昼食を終えまた帰途に着いた。私の仲間十五名ぐらいは途中で少し遅れた為、船に乗って漢江を渡り砂地を歩いたので、大変疲れた。

但し、渡し賃は一人一銭ずつ。漢江橋で五時半に解放され各々その疲弊した身体を電車或いはバスに乗せ帰宅。［十一月八日］

まずは距離から。朝鮮の一里は日本の十分の一の約四百メートルなので、「往復五十里」は約二十キロになり、漢江大橋から奉恩寺までの距離と合致する。漢江の支流に阻まれたということだが、これは現在の銅雀《トンジャク》大橋付近を南に向かって流れている盤浦《バンポ》川のことと思われる。九時に出発して一時五十分着なので、五時間近く歩いていた。これはかなり迷ったようである。到着が遅れたことの余波を受け、昼食時間はわずか十分しかなかった。二時に出発したとあるので、目的地の奉恩寺もほとんど見学できないまま帰途についたのであろう。

帰り道の途中でY君たちは遅れ、先に漢江を渡し船で渡って、川の北側を歩いて漢江橋に向かっている。奉恩寺から漢江橋へ向かう時、川が右方向へ大きく曲がっているため、曲がりの内側に当たる川の北側を歩いた方が、距離が短くなる。渡し舟に乗ることで歩く距離を短縮したのだろうが、砂地が続きかえって苦労したようだ。

漢江の河原は砂地になっている部分が多く、新聞などでは漢江といえば白沙場、つまり砂浜が有名で、一九七〇年代初頭になっても、夏になると漢江に人々が集まって水遊びをしている写真が多く残されている。今日では砂地はほとんどなくなっているが、今も昔も、漢江の河川敷はソウル市民の憩いの場なのである。

ともあれ、朝九時から夕方五時半まで、八時間半にわたってほぼ歩き続けるだけの遠足はこうして終わった。ちなみに、京城第一高等普通学校の後身である京畿高等学校は、現在奉恩寺の隣に移転している。

続いて学年全体で行く旅行について見てみよう。まずは、九月二十一日の日記である。

気持ちが高ぶる。いくつかの希望で。もう一つはおろかな煩悶で。その中でも一番気持ちを高ぶらせるのは十月六日のわれわれ三年の金剛山探勝。［九月二十一日］

気持ちが高ぶる理由の一つとして、十月六日の金剛山探勝が挙げられている。ここでは**「探勝」**と書かれているが、翌二十二日には**「修学旅行」**、二十三日は再び**「探勝」**

に戻るが、二十九・三十日、十月一・二日は「**旅行**」、三日には「**金剛山探勝する修学旅行**」と多様な書き方がされている。用語が落ち着いていないのかもしれないが、「遠足」という言い方はされていない。「おろかな煩悶」の方もかなり気になるが、残念ながらその内容は不明である。

金剛山は言わずと知れた朝鮮半島随一の名勝地である。金剛山は千六百メートル級の山で、内陸側に内金剛、海側に外金剛及び海金剛と呼ばれる名勝地がある。韓国のことわざで「金剛山も食後景」というのがあるが、これは〝どんなに素晴らしい景色でも食欲には勝てない〟という意味で、「花より団子」と同義である。このように金剛山は名勝地の代表として、その名は朝鮮全土に知れ渡っていた。そのため、一八九〇年代に朝鮮半島と日本を旅したイギリス人旅行家、イザベラ・バードも訪れており、その様子は著作の『朝鮮紀行』（講談社学術文庫、『朝鮮奥地紀行』平凡社東洋文庫）の中で見ることができる。

植民地期になると、鉄道局による観光開発が始まる。朝鮮総督府鉄道局が直営するホテルとして、一九一二年の釜山・新義州、一四年の京城に続く四番目として一五年、金剛山に金剛ホテル、五番目として一八年には内金剛に長安寺ホテルが開業した。

鉄道路線も一九二四年に京城から日本海側の玄関口元山を結ぶ京元線の途中駅・鉄《チョル》原《ウォン》から枝分かれした支線として金剛山線が開通し、その終着駅である内金剛駅が開業した。少し時代は降るが一九三八年二月の時刻表を見ると、京城駅六時十五分発に乗れば、鉄原駅に八時五十五分着、すぐに九時十分発の列車に乗り換えると内金剛駅に十三時三十二分に到着できた。約七時間の鉄道の旅である。ちなみに、この内金剛駅からホテルがある長安寺までは、バスで五分だった。

Y君も八回にわたって日記に記しているように、この修学旅行を本当に楽しみにしていたが、結局行くことはできなかった。先述のように、母親が入院してしまったためである。十月二日に**「佐藤先生に母の病気のために金剛山旅行に参加できないことを話し」**ている。内心の葛藤はもちろんあったようで、翌日三日の日記には**「金剛山探勝する修学旅行に参加できないので実にもったいないが、母の病気を見て、どうして私だけ金剛山に行けというのか」**と書き残している。本当は行きたかったという心情が読み取れるとともに、Y君が母親想いの優しい少年であることが伝わってくる。

残念ながら参加できなかった金剛山旅行は六日から九日までの三泊四日であった。その間Y君は学校には行かず、家で過ごしていた。しかし、みんなが帰ってきた翌日の十日からは学校が再開され、しかも十一日には**「午前三時に停車場に集まり、今般第二十師団と二十一師団の対抗演習を参観」［十月十日］**したのである。もっとも二十一師団は日中戦争勃発に対応して一九三八年に編成された師団のため、一九三〇年には存在しない。おそらく、朝鮮半島に駐屯していた朝鮮軍隷下の十九師団（司令部・咸鏡北道羅南）及び二十師団（司令部・京城府龍山）の誤りだと考えられる。

やや長いが、十月十一日の日記を全文引用しよう。

明け方とでも言おうか。又は夜中といおうか。ともかく午前二時半に目が覚めた。また寝たい気持ちは切実だが、どうしよう。洗顔して下女が早くに起きて作ってくれたトックッでお腹を一杯にして、昨日買った水筒に一斗をいれて閉め、弁当を持って遠足に行く姿になって出ると三時三十分。電車もない夜の道を一歩きして、京城駅に着いた。規定時間四十分に十五分も遅れ三時五十五分に到着して

出席を取って、私たち第一高一行及び京城市内の各学校生徒が集合して搭乗した汽車は四時半に京城駅を出発。　水色、唐人里臨時停車場で下車した。　午前五時から南軍対北軍の演習を見学したが、ただ飛行機七、八台《ママ》が飛んで行くのと、煙幕など遠くに見える外には、アリのように見える倭兵丁達以外に何も見えなかった。暇なこと言葉にならない。　六時間の間震えて、十一時に再び例の停車場から汽車に乗って帰宅。

出発時間が午前三時半とかなり早かったが、京城駅での集合は三時四十分だったらしく、遅刻している。自宅近くの路面電車の始発もまだだったため、京城駅まで歩かざるを得なかったが、通常四十分近くかかる距離を二十五分で到着していることから、途中駆け足をしたか、親戚の家から向かったかどちらかであろう。

朝ごはんに食べたトックッは、お餅を入れたスープなので腹持ちはいい。水筒に入れた「一斗」の水だが、これは日本の単位（十八リットル）と「되（トェ）」と言う朝鮮の単位（一・八リットル）とを間違えていると推測される。十八リットルは持ち歩けない

が、一・八リットルなら十分に持ち歩ける。

京城駅を出て、京義線の水色《スセク》駅まで行き、そこから戻って現在の加佐《カジャ》駅付近から龍山線に入り、さらに進んで西江《ソガン》駅から唐人里《タンインリ》線に入り、終着駅の唐人里駅まで向かうという移動だったようだ。京義線は京城駅から中国国境の新義州まで行く路線だが、軍隊の駐屯地であった龍山から京城駅を経由せずに直接京義線に乗り入れることができるよう建設されたのが龍山線である。加佐駅は一九三〇年十二月に信号停止の場所として設置されており、この演習の時にはまだ存在しなかった。龍山線の途中駅である西江駅から唐人里駅に引かれた路線が唐人里線である。唐人里には、朝鮮最初の火力発電所が建設され、まさに一九三〇年から稼働を始めた。この火力発電所に石炭を運ぶために唐人里線が建設されたのである。Y君はこの時、完成してから間もない路線に乗って、完成間もない火力発電所を見たはずである。しかし、それに対する感想や感慨は一切書かれていない。もしかすると、早朝故に、汽車の中では寝ていたのかもしれない。

この軍事演習は、朝鮮に駐屯する十九・二十師団の他に平壌の飛行第六連隊、さらに内地から戦車隊・電信隊なども参加して、総勢三万名を超える朝鮮で最初の師団対抗演習であり、かつ朝鮮で初めての大規模な演習であった。そのため上原勇作元帥（元陸軍大臣・参謀総長、一八五六〜一九三三）をはじめとする陸軍首脳も参加したという。Y君たちが見たのは九日から始まった、この演習の最後に行われた南北軍による白兵戦だった。飛んでいた航空機は平壌の飛行第六連隊の所属と考えられ、この当時朝鮮唯一の飛行機部隊であった。

しかし、Y君の感想は辛辣である。Y君は、日本軍のことを**「アリのように見える倭兵丁等」**と呼び、演習の参観自体も**「暇なこと言葉にならない」**とまで酷評している。仮にこの日記が学校への提出用日記であれば、このようなことは書けなかったであろう。逆の言い方をすれば、この感想はおそらくY君の偽らざる思いなのだと言える。

特に日本のことを「倭」と呼んでいる点が注目される。この日記全体を通じて、「倭」という用語は二回しか使われていない。一つは今回の場面で日本軍を指して「倭兵丁」と呼んでいる。「アリのように見える」という形容も含めて、反感を感じさせる使い方である。もう一つ「倭」という言葉を使っているのは、新嘗祭について**「倭人間が喜びときめく日」**であるが、私には**「ただ意味はなく休息日であるという喜び」**だけだと言っている場面である**【十月十七日】**。

翌十二日も学校全体で龍山の練兵所での観兵式を参観した。この時は「電車」つまり路面電車に乗って龍山に向かった。今回の演習が朝鮮で最初の大規模演習であったため皇族からの参加もあったが、**「梨本宮及び朝香宮殿下の顔も見ることができ」**ず、**「昨日の対抗演習よりよいが、これもまた面白くない」**との感想を残している。

梨本宮は朝鮮と非常に繋がりの深い宮家と言える。朝鮮王朝第二十六代高宗（一八五二～一九一九）は、一八九七年に大韓帝国の皇帝となった。高宗皇帝は一九〇七年にハーグ密使事件の責任を問われ退位し、息子の純宗皇帝（一八七四～一九二六）が後を継いだ。一九一〇年の日韓併合条約によって大韓帝国は滅亡するが、その際に皇帝の一族は、王公族として皇族に類する待遇を受けることになった。この時、純宗皇帝は「李王」となり、純宗皇帝の異母弟であり皇太子の李垠《イ・ウン》（一八九七～一九七〇）は「李世子」と称されることになった。この李垠と結婚したのが、この日記の記述で登場する梨本宮守正王（当時陸軍大将、一八七四～一九五一）の娘、方子（一九〇一～八九）である。但し、基本的には東京に住んでおり、その邸宅は現在も「赤坂プリンス　クラシックハウス」

として現存している。

今回のこの演習は**「第一高一行及び京城市内の各学校生徒を集合」**させていたわけだが、軍隊が朝鮮にやってきた時に、遠足のような形で見学に行くことはしばしばあったようである。四月九日に仁川港に第一艦隊十八隻が入港した時には、十日に京城第一高等普通学校に海軍機関少佐の山中朋二郎（のち海軍機関中将）がやってきて演説を行い、翌十一日には二年生が艦隊を見学に行っている。教練の教員として軍人が派遣されることも含めて、軍隊との距離感は相当に近かったと想像される。

また、皇族が朝鮮を訪れた際には、動員などもかけられていたようである。五月に朝鮮を訪れた秩父宮雍仁親王（一九〇二〜五三）が京城運動場で競技をすることになっており、学校では敬意を示すように指導があると共に、リレー選手と五年生全員、それ以下の学年の級長と運動部委員が参観に行っている。

皇族・皇室関係でいうと、もう一つ、学校行事としてY君が参加した行事がある。それは現在の秋分の日に行われた秋季皇霊祭である。本来は、天皇が宮中で歴代天皇・皇后をお祀りする日であるが、京城第一高等普通学校では、この日に学校ではなく昌慶苑に生徒を集合させ、そこから歩いて経学院を見学させている【九月二十四日】。

経学院は、朝鮮王朝では儒学の最高教育機関であった成均館の後身となる機関である。但しこれは儒教の研究機関であって教育機能はほとんど失われており、一九三〇年に明倫学院が設置されることで一部回復したが、往時のエリート官僚育成機関としての面目を回復するには至らなかった（なお光復後、経学院は名称を成均館に復し、現在は成均館大学校として存続）。もっとも、ここには孔子廟などがあって先聖先賢を祀っており、儒学の式典である釋奠大祭を行っていたため、これらを見学したものと考えられる。

同日の新聞記事を見ると、各学校から多くの生徒が参列したとされ、最後に渡辺信治・京城師範学校校長の講演があったという。辛辣な評価が得意なY君だが、この行事に関する感想は、**「とっても薄味だった」**とのことである。

▼運動会とスポーツ大会

学校を挙げての運動会は春に競技大会、秋に大運動会と二回も行われていた。

まずは、六月十二日に開催された春の競技大会について見てみよう。会場は学校ではなく、京城運動場で行われた。これは現在の東大門デザインプラザ（ＤＤＰ）のある位置にあたる。そもそも、ＤＤＰが完成する前は、この地に東大門運動場があり、一九八八年のソウルオリンピックを契機に建設された蚕室総合運動場ができるまでは、ソウルにおけるスポーツのメッカはこの地にあった。先に挙げた秩父宮が朝鮮を訪問し、競技をしたのもまさにこの京城運動場であった。

学年別のクラス対抗競技だったようだが、実際にどんな競技が行われたのかは不明である。Ｙ君のクラスは四組中三位とあまりふるわず、Ｙ君自身も**「午後二時までは面白いこともあったが出場しない私たちにはすこしつらい」**という感想を述べている。春の競技大会は、クラスの代表者たちが競う、クラスマッチのようなイメージだったと思われる。

一方で十月に行われた運動会は、学校を会場としていて**「登校すると運動気分が校内に満々」**としていた。Ｙ君も二百メートル競争に出場して見事一位となっている。一位になりながらも練習不足でゴール前で危なかったと言っており、これは根っから真面目なのか謙遜なのか、あるいは自慢なのかが測りかねるところだ。

この日は生徒だけではなく、教職員や卒業生の競技も行われた。卒業生競技はいわゆる借り物競走だったようで、**「ひとりが女学生を連れて行ったため、大変騒がしくなった」**という、まさに男子校の雰囲気がそのまま伝わるような感想を残している。秋の運動会は今日の運動会のイメージに近いように映る。

このほか、九月には校内でテニス大会が開かれるという噂が流れたというが、これはのちに嘘だったことが分かる**【九月二十五日】**。抜き打ちテストに関する情報が錯綜したり、生徒たちのいろいろな思惑が、こういった噂を作り上げていたのであろう。ただ、学校行事については、今日と比べて開催の公表がとても遅い印象があり、それが生徒の中でさまざまな噂を拡散させる土壌となっているようにも見える。

▼学者犬トミー、来校す

学者犬トミーとは何者か。一九三〇年前後に非常に人気を集めた犬で、地理や歴史、算術などができると言われていた。例えば、国の名前を伝えるとその国の国旗を持ってくる、というような具合である。このトミーについては、当時の朝鮮総督だった斎藤実

（のち首相、一八五八〜一九三六）からも賛辞が送られたという。当時の宣伝を見ると、「各府県学務課推奨　教化実験」と書かれているばかりか、「尋常五年程度の学力を有す」とまで謳われており、単なる見せ物ではない雰囲気を醸し出している。

この学者犬トミーが一九三〇年に朝鮮にやってきたのである。最初は同年八月に開設されたミナト座という劇場に出演した。さらに、先に挙げたような「各府県学務課推奨」という宣伝文句が功を奏したのか、十一月には、咸鏡南道北青《プクチョン》郡の普通学校・小学校・農業学校が、三十円を出して児童・生徒に見せている。ここでは百未満の四則演算や音の高低のある歌も歌い、ひらがなも理解していたという。この様子を書いた新聞では、小学校三年生にはできないことができたということで、五年生という宣伝文句よりは低く見積もっていた。

この学者犬トミーが京城第一高等普通学校にやってきた。その時の日記を見てみよう。

昼食後一時間半の間日本人が訓練した「学者犬トミー」という犬を控え所に連れてきて我が全校生徒に見物させた。目的は微物でも勉励奮闘すればこれほどになるの

で、人として当然熱心に勉強して、成功するようにという自覚を起こさせるところにあったという。どうして私たちの意思をただ犬一匹で左右できるだろうか。しかしその犬は本当に小学校五年程度はあった。〔十一月二十一日〕

京城第一高等普通学校も、北青郡の学校と同じく金銭を払って呼んだのかは全く不明である。ただ、全校生徒が見物していることから、学校主導でこの会が行われたと想像される。Y君は、犬であっても努力すれば小学校五年程度になるのだから、生徒たちは一生懸命勉強しろということを伝えるための会だった、と理解している。しかし、犬一匹見たくらいで自分達は変わらないという、なかなかに冷静な感想を残している。一方で、学者犬トミーの実力を宣伝文句通りと認めてもいる。

学者犬というのはこのトミーに限らず、時々登場しては、ブームを起こすことがある。この後、一九三二年には朝鮮半島でも学者犬がいると新聞記事になったこともあるが、トミーほどの評判になることもなく、いつの間にか忘れ去られていったようである。

▼校内でのいさかい

学校では授業だけが行われているわけではない。服装検査や身体検査、家庭訪問や級長選挙など今日の学校で行われていることと同じようなことが行われていた。このほか、生徒同士のケンカあるいは学年間の対立も、学校生活を送っていればしばしば起こることで、言ってみれば学校行事に類するものであろう。この日記の中でもそんなヤンチャな姿を見ることができる。

一つめはY君の「決闘」である。

第四時間の休息時間にKが私を間接的に侮辱したため、私は彼と決闘‼第六時間終了後私は掃除をし終え、外に出ると待っているはずの彼が卑怯にも行ってしまった。

【一月九日】

侮辱してきた相手と放課後に、勇ましくも決闘するはずだった。だが相手が先に帰ってしまったという、なんとも締まりのない終わり方となっている。しかも、しっかりと掃除を終えてから決闘に向かうあたり、Y君の真面目さを強く感じることができるとともに、そこはかとない面白みを感じるのは筆者だけだろうか。この後、彼との決闘が実行されることはなかった。

次は学年間の対立を見てみよう。**「弁当を食べた後運動場に出てサッカーをしていると四年生が五年生の頬を打ったという理由で、ところどころで四年生と五年生がケンカをし、空気が大変興奮して」「二月四日」**いた。ところどころでケンカが起きている状況というのはなかなか怖いが、翌日も**「昨日の四五年の衝突の余波を憂慮」「二月五日」**するほどの状態だったようである。このY君の憂慮は杞憂に終わったようで一安心ではある。

▼「爆笑」という新語

最後に何気ない授業の一コマから、Y君の性格を浮き彫りにしてみよう。

その時間roll callに四十四番Kが、先生が四十四番と言った時に〈ハイ〉と返事しなかったので、すぐに四十五番と（先生が）言ったためクラス全員が驚き大笑暴笑。［九月三日］

まず、突然「roll call」という英語を使用しているが、Y君は突如このように英語を使用することがある。今回は「点呼」という意味で間違いはないが、遊ぶ約束をするときに「sckedule《ママ》を尋ねた」と書いてみたりするものの、まだまだ英語力を磨く必要があることを私たちに教えてくれる。続いて〈ハイ〉と返事をしている部分だが、ここは日記本文でも日本語のカタカナで書かれている。高等普通学校でも点呼への返答は〈ハイ〉であった。

そして、最後に着目したいのが「暴笑」という単語である。「暴」と「爆」の漢字は、日本語では「ぼう」「ばく」と発音が違うが、韓国語ではともに「폭」と同じ音で発音する。実際に当時朝鮮で発行されていた新聞や雑誌では「暴笑」も「爆笑」も同じ意味で出てくる。もちろん意味は「大勢の人が、大声でどっと笑うこと」だが、実はこの

「爆笑」は、日本国内でも昭和の初め頃から使われ始めた単語である。

朝鮮ではいつ頃から使われていたのか、一九二〇年以降の主要な朝鮮語新聞を検索できる「ネイバーニュースライブラリー」によると、一九二九年六月十八日が初出のようである。雑誌でも一九二八年十二月発行の『別乾坤』十六・十七号が管見の限り初出となる。昭和元年が一九二五年であることを考えると、「爆笑」という単語は日本とほぼ同時に朝鮮半島にも広がっていたことがわかる。もちろん、新聞や雑誌で使用されている年に、その言葉がその地域で広まったことを証明するものではないが、その新聞や雑誌の読者が意味のわかる用語以外使用しないであろうことは間違いないであろう。

さて、ここでY君に戻ろう。Y君は「爆笑」という、新しくできた言葉であり、朝鮮に入ってまだ一～二年程度の言葉を日記に記しているのである。後に言及するが、Y君は確かにこの「爆笑」という単語が登場した雑誌『別乾坤』の愛読者であった。新しい言葉にすぐに順応して、自分のものとしていく柔軟性を見て取ることができる。あるいは流行に敏感な少年だったのかもしれない。何気なく書かれたであろう「暴笑」という単語も、やや詳細に見ていくことによって、当時の日本と朝鮮が極めて緊密な関係にあったことを示す証拠になると同時に、Y君の少年らしい新しい物好きな一面が表れているのかもしれない。

第三章　読書とスポーツと

▼足しげく通った三つの図書館

Y君の日記の中で、親族の家などを除いて、最も多く訪れている場所が図書館である。結局行けなかったことも含めると二十七回登場する。一ヶ月に二回以上図書館に行くという生活を送っていた。学校の放課後や休日にもしばしば図書館を訪れており、六月や七月に行われた試験の最終日には、いずれも図書館に足を運んでいることからも、Y君にとって図書館は単純に学びの場というだけではなく、娯楽の場としても重要であったと考えられる。祖父が亡くなって十日目の葬礼がある日に**「図書館に行こうとしたが、行くなとおっしゃるので行けなかったが、終日図書館へ行きたい気持ちが騒いでいた」【一月十九日】**というほどである。

図書館好きはY君だけではないようで、学校の友人や同年代の親戚と行ったり、あるいは図書館でクラスメートと会うなどしていることから、生徒の中ではある程度定番の行動様式だったのかもしれない。

図書館の使い方は今日と同じく、勉強するか書籍を見るかであった。学習のための席の確保は時に難しく、「府立図書館鐘路分館に行ったが満員のため総督府図書館に行くと座席変更をして生徒席には五百六十席しか当てておらず、又之満員」［十月二十六日］ということもあった。一方で書籍の閲覧には回数券が必要であり、朝鮮総督府図書館の場合、一回閲覧券は四銭、十回閲覧券は三十五銭となっていた。但し、新聞の閲覧については無料となっている。

Y君の日記に登場する図書館は、「総督府図書館」「（京城）府立図書館」「（京城）府立図書館鐘路分館」「図書館」の四つに分類することができる。まずは、一九三〇年の京城における図書館の様相について明らかにした後で、Y君の図書館通いを見てみたい。

まずは総督府図書館だが、この図書館は一九二二年の第二次朝鮮教育令制定の記念事業として発案されたと言われる。しかし、関東大震災（一九二三年）によって予算の執行などが難しくなり、結局実際に長谷川町で開館したのは一九二五年になってからであった。一方、京城府立図書館も一九二二年に京城府によって設立の検討が始まり、同年中に明治町に設立された。しかし、拡張性・利便性に劣っていたためすぐに移転計画が持ち上がり、総督府図書館と同じく長谷川町に一九二八年に移転を完了している。

もう一つの京城府立図書館鐘路分館も、同じく京城府の管理する図書館であるが、その成り立ちは大きく異なる。

元々は、三・一独立運動（一九一九年）時に「朝鮮独立新聞」の社長を務めていた教育者の尹益善《ユン・イクソン》（一八七二〜一九四六）が一九二〇年に設立した図書館であった。これを李範昇《イ・ボムスン》（のち初代ソウル市長、一八八七〜一九七六）が引き継ぎ経営していたが、後に経営難となり、一九二八年に京城府へ譲渡することで、京城府立図書館鐘路分館となったのである。場所は、タプコル公園の脇にあり、府内各所からのアクセスが容易であった。そのため、明治町にあった京城府立図書館より鐘路分館の方が訪問者数が多く、本館移転のきっかけの一つとなったと言われている。

さらに、Y君の日記には登場しないが、京城から南に行った龍山に総督府鉄道局が運営する鉄道図書館もあった。総督府図書館・京城府立図書館・京城府立図書館鐘路分館そして鉄道図書館の四館が、京城近郊にある図書館ということになる。

京城第一高等普通学校から総督府図書館・京城府立図書館まで歩くと三十分以上かかる。また、京城府立図書館鐘路分館も二十分程度は必要となる。但し、路面電車を利用すれば、いずれの図書館も停車場から近い場所にあり、徒歩より早く到着できたと思われる。三つの図書館は学校から近く、Y君がただ「図書館」と記した場所がどこを指すのか、鉄道図書館でない可能性は高いが、皆目見当がつかない。

Y君が行ったあるいは行こうとした図書館について、日記の記述を整理すると、三つの図書館を満遍なく利用している姿が浮かぶ。総督府図書館に行ったら閉館で府立図書館鍾路分館に移動することもあれば、座席がなく府立図書館に移動することもあった。鍾路分館から総督府図書館に移動することもあった。特定の図書館が人気が高いということもなく、閲覧したい新聞や雑誌によって図書館を選んでいる風もなく、三つの図書館を気ままに渡り歩いているY君の姿が思い浮かぶ。

▼朝鮮語の月刊誌『別乾坤』

本の話が出たので、実際にどんな本や新聞雑誌を見ていたのかを探ってみよう。図書館で閲覧したものに加えて、購入したものなど、日記の中でY君が見たと確認できる雑誌をまとめると次頁の表のようになる。

日記に登場した雑誌

雑誌名	購入日	備考
別乾坤新年号	1月5日	購入
キング	1月8日	
少年倶楽部	1月11日	未見
キング2月号	2月1日	未見
富士1月号	2月1日	
富士2月号	2月1日	
少年倶楽部	4月8日	
富士	6月15日	
文芸倶楽部	6月15日	
キング8月号	7月16日	
アサヒグラフ	8月1日	
キング	8月25日	
キング10月号	9月13日	
キング	10月15日	購入
キング	12月25日	

まず、『別乾坤』について説明したい。『別乾坤』は京城にあった開闢社が一九二六年から出版していた月刊誌で、朝鮮語で書かれている。

開闢社は一九二〇年に朝鮮最初の総合誌とも言える『開闢』を創刊し、検閲と戦いながら七十二号まで発行し、一九二六年に廃刊となった。その後、三〇年代及び四〇年代後半に復刊されることもあったが、いずれも十冊に満たない復刊となった。但し、最初の刊行時の一九二〇年代では、朝鮮文壇を牽引したと言っても過言ではない雑誌であった。『別乾坤』は時期的に、この『開闢』を引き継ぐ形で創刊された雑誌と言えるが、内容としては趣味の雑誌であることを創刊号で宣言しており、総合誌であった『開闢』との違いを打ち出している。しかしながら、人的連続性などを考えた場合、『別乾坤』は『開闢』の後継誌であったと見ることも当然可能であった。

さて、Y君が一月五日に購入した『別乾坤』だが、スケートに行こうとしたところ、父親が買ってくれると言ったので行かなかったという曰く付きの雑誌である。最低気温マイナス十六度の中、書店を二軒回ってようやく買えた『別乾坤』新年号だが、**「内容は実に幼稚で情けない」**ものだったようだ。しかし、**「今日一日別乾坤に依存して」**過ごしてしまうほど、夢中で読んでいる**【一月五日】**。確かに、この号は創刊十周年記念号で、十年間を振り返る様々な企画が含まれていた。

ここで再度確認するが、『別乾坤』の創刊は一九二六年であり、まだ創刊四年に過ぎない。つまり、この創刊十年というのは一九二〇年創刊の『開闢』から数えての十周年なのである。ちなみに、この日は『別乾坤』ともう一つ、**〈切ヤキイモ〉**を買っている。寒い日に食べる焼き芋はさぞかし美味しかったであろう。

この記念号の中に注目したい記事がある。それは「女子が見た男子改造点」「男子が見た女子改造点」という記事である。「旧道徳」や「因習」が一つの論点となっており、女子から見た場合は、「旧道徳因習の観念を離れて批判をしてほしい」「優越感を捨ててほしい」「家庭経済を主婦に任せてほしい」などの主張が見られる一方、男子から見た場合の冒頭に掲載されているのが「伝統的従属性を」であり、ついで「女子も責任感を」と続く。企画自体は当時としては先進的に見えるが、その主張は今日から見ると非常に前時代的なものとなっており、当時のジェンダー格差を実感する構成となっている。この記事をY君はどのような感想を持って読んだのだろうか。

この記事に触発されたからかどうかはっきりはしないが、Y君は**「中央基督教青年館に「現今男子風紀を粛正するためには男子からか? 女子からか?」の問題の元、可とする男子学生三名と否とする女子学生三名の大討論を行う男女討論大会を見学しに行った」【七月三日】**りもしている。この問題に対して関心が高かったのであろう。

忘れてはならないこととして、Y君が読んだこの『別乾坤』新年号も事前検閲が行われており、実際に削除された記事が存在する。それは「弁護士が見た朝鮮の十年間」という記事であり、治安維持法や保安法に対する批判が書かれていた点が問題視されたようである。当然ではあるが、実際に出版された『別乾坤』新年号にはこの記事は掲載されていない。Y君が幼稚でつまらないと言いながら一日依存した『別乾坤』も、日本の検閲がしっかりと入っていたのだ。

▼愛読した『キング』

Y君が読んだ『別乾坤』以外の雑誌は、いずれも内地で出版されていたものである。『少年倶楽部』（大日本雄辯會講談社刊）も二冊見ているが、文芸誌であった『文芸倶楽部』（博文館刊）や総合誌の『富士』（大日本雄辯會講談社刊）、週刊画報誌の『アサヒグラフ』（朝日新聞社刊）など、子供向けではない雑誌にも目を通している。『富士』二月号が顕著だが、内地発行の雑誌もすぐに京城の図書館に入荷されていたことが分かる。

この雑誌一覧を見て、やはり一番目を引くのは『キング』であろう。『キング』は大日本雄辯會講談社が戦前に発行していた一九二四年創刊の総合月刊誌で、特に昭和初期に圧倒的な人気を誇り、最高で発行部数百五十万部を記録した。その広がりは内地だけにとどまらず、朝鮮や台湾でも読者を獲得していた。内地でも積極的な広告で有名であった『キング』は、朝鮮でも積極的な宣伝を展開している。例えば、次の広告は一九

『京城日報』掲載の『キング』９月号広告
(出典：韓国国立中央図書館　大韓民国新聞アーカイブ)

三〇年八月十日に、朝鮮で発行されていた日本語新聞『京城日報』に掲載されたものである。

『京城日報』は、総督府の機関紙として発行されていた新聞で、発行部数は一九二九年に二万六千部・一九三三年には三万四千部程度であり、朝鮮語新聞である『東亜日報』の一九二九年三万八千部・一九三三年五万六千部に比べると、やや少なくなっている。

『キング』は、毎月の発行に合わせて、『京城日報』にも『東亜日報』にも広告を出していた。

『東亜日報』の広告でも見出しなど多くの部分は日本語そのままで掲載されたが、一部は朝鮮語に翻訳されて掲載されている。例えば、文字が小さくて見えにくいが、「黄金仮面」の次の行には、「作者曰く　本篇の主人公は青年名探偵明智小五郎だ。相手の悪魔は学者を驚かす人物だと信じてゐる」と書かれている。この文章は内地で発行されていた『朝日新聞』と同様の見出しとなっている。これに対して、『東亜日報』では「作者曰　本篇의主人公은例의私立名探偵明智小五郎인데　本稿에서는 한층 더 大活躍한다（作者曰く　本編の主人公は例の私立名探偵明智小五郎だが　本稿では一層の大活躍をする）」と漢字ハングル混じり文で書かれている。単純な翻訳ではなく、文章自体にも改変が加えられているが、その理由は不明である。『京城日報』の文章の意味が筆者にはよくわからないが、もしかすると、広告の翻訳を手がけた人物もうまく意味がとれず、朝鮮語文に直す際に改変したのではないかと想像してしまう。この一文以外の見出しや特徴的な仮面をつけた人物のイラストは、『京城日報』・『東亜日報』・『朝日新聞』ともに同じものが使用されている。なお、『キング』の価格は、朝鮮も内地も五十銭で同額であった。

ちなみに「黄金仮面」とは、説明をする必要はないかもしれないが、推理小説家江戸川乱歩の代表作のひとつに数えられる名作小説である。実はY君も、この広告の九月号ではなく十月号ではあるが、京城府立図書館で**「黄金仮面という連続探偵小説を面白く読ん」**でいる**【九月十八日】**。Y君も江戸川乱歩の「黄金仮面」を読んでいたのかと思うと、思わぬ共通点に親しみを感じてしまう。

Y君は『キング』を年間七号も読んでおり、愛読していたと言っても良いであろう。二月に『富士』の一月号及び二月号を見ているが、実は**「『〈キング〉』二月号を探したがまだ無いため富士一月号及び二月号を見た」【二月一日】**のであって、図書館に行った目的は『キング』であった。ちなみに、この『富士』という雑誌も『キング』と同じく大日本雄辯會講談社発行の月刊誌である。『キング』より小説、特に時代物が多く掲載されていて、例を挙げると、吉川英治の「大阪落城秘史　恋車」などが連載されていた。Y君の日本語力は相当なものであったと考えられる。

▼日記に書きとめた感想

さて、『キング』に話をもどそう。Y君が『キング』を読んで、長い感想を書いた記事がある。それは、東京商科大学（現・一橋大学）の初代学長を務めた佐野善作（一八七三〜一九五二）が書いた「喧嘩の出来る人間」（『キング』第六巻第九号に掲載）である。この記事について、実際に掲載された記事と、Y君の要約と感想を比較してみよう。

自分は喧嘩の出来る位の人間でなければと思つて居る。正直で、偽悪を憎むこと蛇蝎の如く、公明で内に一點の疚しき所なく、加ふるに、邪を撃ち悪を懲らす積極的勇気のある者ならば、君、喧嘩をせずには居られないぢやないか
喧嘩は蛮勇だなどといふのは偽善者のいふ事だ、昔から宗教の革命でも、学問の進歩でも、立憲政治でも、自由制度でもみんな喧嘩好きの産物だ
併し喧嘩にも小人の喧嘩と大人の喧嘩とある。争ふべからざる事で争ふのは小人の事、争ふべき事と信じたなら死を以て之を争ふやうでなければホントの喧嘩とはい

へぬ

この文章を読み、Y君は次のような感想を残している。

雑誌「キング」の中の喧嘩の強い人という題目の元で言うには、人生はよく喧嘩をするだけの元気がなければならない。しかし人生の戦いには種類が二つあり、すなわち大人の戦いと小人の戦いである。そのうち大人の戦いは確固たる信念と決死の覚悟の下で自己の赤心を表しての戦いである。小人の戦いは目の前に存在する利害だけに気を取られ、境遇、結果をよく考えずにする戦いである。人生の中で大人の戦いをするだけの元気がなければ、どうして賢いといえようか、と。（この記事が）われわれ朝鮮二千万同胞が吟味するだけの価値が十分ではないとどうしていえようか。［八月二十五日］

元の記事である『キング』の記事とY君の理解を比較すると、まず、タイトルを間違えていることに目がいく。さらに内容に関しては、喧嘩について、Y君は全般的にやや拡大解釈をしているように映る。そのせいもあって、Y君の言う「大人の戦い」が何を指すのか、はっきりと把握することが難しい。喧嘩あるいは戦いの相手として、日本が想定されているのかに興味を惹かれるが、Y君の日記全体から見ても、独立運動に対する自分の考えがほとんど描かれていないため、結びつけることには慎重でいたい。

但し、朝鮮人は「確固たる信念と決死の覚悟で」戦うだけの元気がなければならないという意見を持っていることは明らかであろう。朝鮮人の気概を持たなければならないという意識があるということだけは確認しておきたい。

▼小説から地理書、問題集、歴史書、『唐手術』まで

Y君が触れた書籍は、図書館で読んだものの他に、授業内で紹介があったもの、あるいは購入したもの、元々家にあったものなど多様である。

例えば学校でいうと、英語副読本の授業では、ジョージ・エリオット『サイラス・マーナー』やブレーメンの音楽隊、国語の授業では夏目漱石**「〈満洲の野〉」**を読んでい

る。この「〈満洲の野〉」というのは、『満韓ところどころ』の一節であろうか。

このほかにも図書館で**「大家世界文学全集 no 34,19の【〈スペート・キング】〉」**を読んだというが**【八月一日】**、これは改造社の『世界大衆文学全集』のことだろう。十九巻にスウェーデンの作家サミュエル・オーギュスト・ドゥーゼのミステリー小説「スペードのキング」が所収されている。

また、国語の授業でアフリカについて勉強した後には、先生が参考として**「アフリカ地理風俗体系」**を持ってきたが**【二月七日】**、これはおそらく新光社編の『世界地理風俗体系　第十七　アフリカ』を指すと思われる。数学についても、「数学週報見本」を友人に渡したり**【六月六日】**、五月二十三日に『平面幾何学問題の研究』を購入し、十一月には友人に貸している。友人間で書籍の貸し借りは盛んに行われていたようである。ちなみにこの『平面幾何学問題の研究』は、数学研究会編『平面幾何学問題集』の可能性が高そうである。このほかにも「日語自習書」と「朝鮮語自習書」を購入したり**【四月三日】**、五十銭で漢文読本予習書を購入したり**【七月五日】**、勉学に励む姿を見ることができる。

もちろん、十四歳の少年らしい書籍も読んでいる。四月七日に購入したのは『鉄アレイ運動法』という書籍だった。翌日には図書館に行き『唐手術』を読んでいる。柔道や剣道を習おうとしたり、体を鍛えることにもY君は関心を持っていた。

体を鍛えるだけでなく、かっこよさも気になっていた。二月一日に「鼻骨隆起器」を書店を通じて注文しているが、鼻を高くしようという努力をしていたのかもしれない。注文した商品は二月九日に到着しており、**「説明書を仔細に読ん」**でいる。なお、『鉄アレイ運動法』はおそらく一九〇七年に大学館から出版された『鉄亜鈴運動法』と思われる。『唐手術』は、廣文堂刊行の富名腰義珍『錬胆護身　唐手術』（一九二四年）であろう。この書籍をY君は総督府図書館で閲覧しているが、総督府図書館の蔵書を引き継いた韓国の国立中央図書館に同書は現在も所蔵されている。

もう一点注目したいのは、『朝鮮史体系　最近世篇』である。この本は父親が親族から八月二十日に借り受け、三十日に返却している。その間Y君も読んでいたようである。『朝鮮史体系　最近世史』は、一九二七年に朝鮮史学会から出版された日本語で書かれた本で、著者は杉本正介と小田省吾である。この『朝鮮史体系』というシリーズは、最近世史のほか、上世史・中世史・近世史・年表の全五冊構成だった。出版元の朝鮮史学会は京城にあり、古代研究の基本史料である『三国史記』や『三国遺事』のほか、関野貞『朝鮮美術史』・小倉進平『南部朝鮮の方言』・崔南善『朝鮮及朝鮮民族』など、今日まで名を残す著名な知性が著した研究書、そして『朝鮮史体系』に代表される通史を出版していた。この朝鮮史学会の設立に尽力したのが、著者の一人である小田省吾である。

小田省吾は一八七一年三重県の生まれで、東京帝国大学で史学科を卒業後教員となった。第一高等学校教授を務めていた一九〇八年、教科書を編纂するために大韓帝国に招聘されたのが、朝鮮との関わりのきっかけとなった。併合後も朝鮮総督府に続けて勤務し、朝鮮の通史編纂に力を注いだ。一九二四年に京城帝国大学予科が設立されると教授として赴任し、初代予科部長を務め、一九三二年に退職した。その後は、初代大韓帝国皇帝高宗の妃夫人である厳氏が設立した淑明女子高等学校と淑明女子専門学校の校長を一九四五年まで務め、本土へ引き揚げてきた人物である（一九五三年死去）。つまり、この『朝鮮史体系　最近世篇』は、当時の朝鮮史研究の最先端にある書籍であった。この本をY君あるいはY君の父親はどのように読み、何を感じたのだろうか。残念ながら何も感想を残していない。

▼冬のスポーツ・スケート

ソウルの冬の風物詩の一つはスケートである。**「昨日予想したように寒くなった。昌慶園《ママ》の氷はもちろん、漢江の氷も凍っているだろう」［一月四日］**というように、スケートを楽しむ場所は、昌慶苑か漢江の二択であった。

　漢江の夏についてはすでに触れたが、冬は、スケートをするあるいはソリで遊ぶ人が集まってきた。日本のソリは斜面を滑るイメージだと思うが、韓国のソリはやや違う。荷物を引く犬ゾリに似た形をしていて、ブレードが二本ついており、子供が一人乗れるくらいの大きさとなっている。手に持った短い棒で氷の面を押して前に進む。日本のソリは雪の上を進むが、韓国のソリは氷の上を進むのである。

　現在でも毎年漢江は結氷しているが、スケートが可能なほど凍結することはほとんどなくなったが、一九三〇年代は多くのスケート客が集まっていた。この風景も水遊びに漢江に集まるソウル市民の風景と同じく、一九七〇年代ごろまでの風物詩だった。

もう一つのスケート場の昌慶苑はもともと、ハングルを創製した世宗（一三九七〜一四五〇）が、父の太宗（一三六七〜一四二二）が余生を過ごす場所として、一四一八年に建てた寿康宮であり、一四八四年に昌慶宮と改称された。この時点では昌慶「宮」という名称であった。

隣接している昌徳宮や、中国・北京の紫禁城を見てもそうだが、皇帝や王が政務を執る際は南を向いて座るという形（南面）が、東アジアの王宮では一般的である。しかし昌慶「宮」は最初から、王が政治を執る場所として計画されていなかったためであろうか、ソウルに残る古宮の中では唯一建物が東面しているのが特徴だ。

昌慶宮は、文禄・慶長の役（一五九二〜九三、一五九七〜九八）に際して一度焼失し、さらに一八三〇年にも再度焼失している。その後、日韓併合の前年にあたる一九〇九年に動物園と植物園が昌慶宮に設置されて一般に開放され、一九一一年には名称も昌慶「宮」から昌慶「苑」に変更された。この名称変更は王の政務場所あるいは居住空間である「宮」から「苑」＝公園への「格下げ」と表現されることが多い。

路面電車の終点の一つである昌慶苑で降りると、そこには一六一六年に建てられた弘化門が立っている。由緒あるその門をくぐると正面に見えるのは、明政殿を中心とした博物館地区、左手には動物園地区、右手には植物園地区が広がっていた。おそらく植物園地区にあった春塘池がスケート場になっていたと推測される。Y君たちもここを右に曲がって春塘池へ向かったのであろう。ちなみに、動物園ではライオン・トラ・ヒョウ・ピューマ・クマ・カバなどの猛獣に加え、ゾウやシマウマなども見ることができた。しかし、戦争末期になると、東京の上野動物園などと同様、大型動物を中心に殺処分を実施したという悲劇の舞台となった。

このように博物館・動物園・植物園と「近代」的な文化施設が集合していたのが昌慶苑であった。だからこそ、先にも触れたが、「二高三年の見学、様々な小学・普通学校生徒の遠足」の行き先となっており、学校遠足の行き先として最適とも言える空間が造成されていた。昌慶苑の動物園で珍しそうにツルを眺めている生徒・児童が写った絵葉書なども残されており、教育的効果は決して小さくなかったであろう。しかしながら昌慶苑の評価が難しいのは、王族の居所という伝統と先進的文化施設という近代との対立だけでなく、そこに日本という要因が加わっていることも大きい。

Y君の日記では、スケートの話題は一月四、五、六日と三日連続で登場する。一月一日は新年祝賀式があるので登校したが、七日までは冬休みのため、連日スケートの話題が出ているものと考えられる。

四日は、スケートに行こうとしたが行けず、五日もスケートに行こうとしたが、父が『別乾坤』を買ってくれたので行かないまま従兄弟と翌日スケートに行く約束をし、ついに六日、前日約束した同じ歳の従兄弟と昌慶苑のスケート場に行ったのだった。ちなみに五日の最低気温は零下十六度だったらしく、猛烈な寒さとなっている。おそらくこの寒さもスケートに行くのを延期した理由の一つではないだろうか。

六日にスケート場に行くと、そこで同級生や先生の息子に会っている。スケートは多くの人が楽しむ娯楽であったのだろう。また、「盲目の西洋人スケーター」や女子スケーター、そして「白狗チームの選手の練習」も見たという。

「盲目の西洋人スケーター」については、情報が全くないが、女子スケーターは、時代の制約から大変珍しかったようだ。女子スケートは、一九二五年に梨花女子専門学校

（現在の梨花女子大学）で、アメリカ人教授ストーバーが教え始めたことが嚆矢となって普及し始めた。しかし、「父母や教師に見つからないように抜け出してきた女性スケーターを漢江や昌慶苑で時々見ることができた」と新聞記事に書かれているように、女子がするには決して誉められた運動ではなく、見つからないように楽しむものだった。このように珍しい存在だったために、Y君もわざわざ女子スケーターがいたことを日記に書いたのだろう。

白狗チームとは、在京城の学生を中心に組織されたソウルスケートクラブのチーム名で、一九二九年よりこの名称の使用を開始している。チームの幹部も朝鮮人が務めており、朝鮮人主体のチームであった。

一九二九年一月十三日に漢江で開かれた第五回氷上競技大会の様子を見てみよう。競技は、五百メートル、千五百メートル、五千メートル、一万メートル、二千メートルリレーに加え、五百メートル背進という、おそらくバックで競争する今日では珍しい種目があった。但し、全ての種目は男子のみで、女子種目はなかった。

この大会は「朝鮮人独舞台」と新聞報道されたように、全種目の中で、内地人で入賞したのは五百メートル背進で二位になった選手のみという結果になっている。中でも白狗チームは圧倒的な強さを見せ、五百メートル以外の競技の優勝者は白狗チーム所属の選手によって占められた。特に崔在殷《チェ・ジュウン》は、五千、一万メートルの二種目で優勝しており、エースにして「氷上の超人格」と新聞報道されている。また、一九三一年に雑誌『東光』が行った「朝鮮が生んだスポーツ選手十名」では九位になるなど、スケートを超えてスポーツ全体で注目を集める著名な選手であった。なお、千五百メートルの第二位には京城第一高等普通学校の生徒である朴健緒《パク・コンチョ》が入っている。

一週間後の二十日に開催された第二回全朝鮮氷上競技大会では、朝鮮記録が続出した。その快挙の中心はやはり白狗チームであった。五百メートルこそチームの一員ではない朴應根《パク・ウンゴン》が優勝したが、千五百、五千、一万メートルの三種目は崔在殷が、五百メートル背進は鄭鎭元《チョン・ジンウォン》がそれぞれ優勝し、朝鮮新記録も樹立している。この両名もメンバーに入った二千メートルリレーは白狗チームが当然のように優勝したが、前回の記録を五十八秒も短縮できた理由として、崔在殷の参加が挙げられている。文字通りの絶対的なエースと言える。

Y君が見た白狗チームとは、この当時朝鮮で圧倒的な実力を持ったチームだった。スケートが人々の娯楽であると同時に、競技スポーツとして朝鮮に浸透し始めた時期にあたっていた。

▼学校対抗戦を応援

スポーツといえば、学校間の対抗戦なども行われており、Y君も観戦に出かけている。五月十七日には京城第一高等普通学校で、元山中学校、善隣商業学校と京城第一高等普通学校による三校総当たりのバスケットボールの試合が行われた。

元山は、現在の江原道の北朝鮮側にある都市で、一九一三年から実施された府制でも最初から府に指定された十二都市の中の一つであり、地域の中核都市であった。高等普通学校は、「国語を常用しないもの」、つまり朝鮮人が主に通う学校なのに対し、中学校は「国語を常用するもの」つまり内地人生徒が主に通う学校である。元山には中学校はあったが、高等普通学校はなかった。このことからも、元山は内地人人口が多かったことが推測される。実際に、Y君と同学年となる一九二八年の元山中学校の入学状況を見ると、志願者は内地人九十六名・朝鮮人六十二名に対して、合格者は内地人七十八名・朝鮮人二十名となっている。日本語で出題され日本語で解答する同一問題での入試であったことから、内地人の合格者数が多くなる。逆にいえば、合格した朝鮮人二十名は、内地人に負けない日本語力を持つ、極めて優秀な生徒であったと言える。

もう一つの善隣商業学校は、京城府内にある私立の商業学校である。商業学校とは、農業学校などと併せて実業学校と呼ばれ、普通学校卒業後に進学する学校であった。朝鮮半島各地に設立された高等普通学校に比べれば学校数は多く、朝鮮人生徒が大半を占めたが、入試を経て入学するという点では、高等普通学校と同様狭き門を突破してようやく通うことのできる中等教育機関であった。

実業学校の中でもこの善隣商業学校は名門と言ってよく、その源流は一八九九年に大倉財閥の設立者・大倉喜八郎（一八三七〜一九二八）が設立に関わった大韓帝国官立農商工学校にまでさかのぼることができる。一九〇六年に商科のみが分かれて、私立善隣商業学校となった。このような経緯があるため、善隣商業学校は例外的に内地人生徒も多数通学した学校であった。例えば、作曲家として著名であり、「古賀メロディ」の生みの親である古賀政男（一九〇四〜七八）も、この善隣商業学校に一九一七年に入学している。そして、この善隣商業学校在学中に音楽家への道を志すことを決心したと言われる。

では、試合の様子を書いた日記を引用に戻ろう。

我が校の健全な選手と元山中学の選手は特技・妙技を出し一大接戦だったが、元中武運無く十九対六で敗退。その後、元中はまた善隣商業を迎え、我が校に負けた思いで一層勇気を出し戦った。前半は善隣商業が形勢優勢だったが、後半に元中の奮で敗点を回復、さらに二点を加えて快勝。我が校と善隣商業は我が校の勝ち。元中対善隣は十三対十一　我が校対善隣は十六対十四［五月十七日］

短いながらもその試合の様子を見事に言語化した、本当に読ませる文章を書くと感心する。今日の十四歳がほぼ使わないであろう「武運」という用語が飛び出すのは時代の為せる技としても、感情のこもった非常に良い文章である。これを読むと、Y君が最も肩入れしているのは元山中学である。我が校と元山中学の試合結果は、元中の「敗退」と書いているし、三試合のうち結果のみを記した試合が、我が校と善隣商業の試合であることからも明らかである。

なぜY君は、このように元山中学校に肩入れをするのか。Y君は日記の前年まで元山に住んでいたことを日記の中で明かしている。また、元山には高等普通学校はなく、朝鮮人生徒の入学が厳しい中学校のみであった。これは推測の域を出ないが、Y君は元山時代に元山中学校の生徒だったのではないだろうか。つまり校洞普通学校卒業後、京城第一高等普通学校に入学してすぐに、父親の仕事の関係などの理由で、一時元山に引っ越した。その際に元山中学校に通っていたが、一九二九年に京城に引っ越してくると同時に京城第一高等普通学校に戻ってきた。そう仮定すると、元山中学校への肩入れ具合も納得できる。いずれにしても、「我が校」も元山中学もそれぞれが見事に勝利を収める、Y君にとっては理想的な結果に終わった。

一方で六月十一日に行われた、また別の学校とのバスケットボールの試合は、悲しい結果に終わっている。また、Y君の名文をみたい。

初めは我が校優勢。後半に敵は勢力を回復し猛烈な襲撃によって、ついに二十三対二十で大熱戦の後、惜敗。選手の目には熱い涙？　ああ、私は敵の応援団の卑怯な応援によって我が校が惜敗したようで悲憤して大酒を飲み、ひどくひどく酔った。
［六月十一日］

二十三対二十という結果も今日の基準で見ると、とてもロースコアだが、この当時は点数があまり入らなかったようで、他の試合と比較しても標準的なスコアでの決着となっている。

この記事だけを見ると、とても愛校心が強いように見える。負けた理由を相手の「卑怯な応援」に求めるなど、悔し紛れの言い訳のようにも見えるが、これはスポーツに熱中していた姿の裏返しなのではないか。それが悲憤して大酒を飲んでしまうという行動に繋がってしまったように見える。

なお未成年の飲酒に関しては、日本では一九二二年に「二十歳未満ノ者ノ飲酒ノ禁止ニ関スル法律」が制定されている。しかし、この法律は一九三八年まで朝鮮では適用されなかったようで、Y君は、いわば「合法的」に飲酒ができた。たとえ、一九三〇年に同法が朝鮮で適用されていたとしても、この法律は営業者の提供や保護者の制止する義務を定めたもので、Y君が保護者の制止を振り切って大酒を飲んでいない限り、処罰の対象とはならない。例えば、八月六日には叔母の勧めでビールを飲んでいる。これは法的に全く問題にならない行動となる。

日本での制定と朝鮮での適用までに、このように時間が空いている理由については不明である。結果として、Y君は惜敗の悔しさを大酒で晴らすという、十四歳とは思えない行動を「合法的」に行っていた。

▼バスケットボール大会に熱中

そして九月、Y君が最も熱く語る、全朝鮮中等学校籠球選手権大会が開催された。主催は中央基督教青年会であり、会場も基督教青年会館のコートであった。今日の鍾路YMCAがある位置になる。

中央基督教青年会は一九〇三年に延禧専門学校（延世大学校の前身）初代校長となる

ホレイス・グラント・アンダーウッド（一八五九～一九一六）や、韓国最初の近代学校と言われる培材学堂（現・培材大学校）を設立したヘンリー・アッペンゼラー（一八五八～一九〇二）らによって設立された、キリスト教青年運動団体である。アメリカ式教育や文化の発信地となり、バスケットボールはもちろん、野球の導入にも一役買っている。

一九三〇年が第六回大会にあたるが、同時に専門学校を対象とする全朝鮮専門学校籠球選手権大会も開催された。こちらは第二回大会であり、中等学校と比べて歴史が浅い。「我が校」の京城第一高等普通学校を始め、中等学校の大会には十六校が参加する一方、専門学校は延禧専門学校と普成専門学校の二チームのみだった。延禧専門学校は今日の延世大学校に連なる学校であり、普成専門学校は今日の高麗大学校の前身となる。日本の早慶戦のように、韓国では延高戦／高延戦が今日でも大学スポーツの中で注目を集めるカードとなるが、一九三〇年のこの大会での対決は、その草創期の一ページと言える。

さて、中等学校に話を戻そう。大会一日目（十七日）及び二日目（十八日）に一回戦四試合ずつ、三日目（十九日）に二回戦四試合、四日目（二十日）に準決勝二試合と決勝を行う日程となっていた。ほとんどの学校がソウル所在だったが、黄海道の公立海州高等普通学校、平壌から私立崇実学校も参加している。師範学校や高等普通学校、実業学校に私立各種学校などさまざまな種類の学校が参加しているが、中学校からの参加はなかった。但し、選手名から判断するに、京城師範学校から三名、京城工業学校から二名の内地人選手が出場していたが、それ以外の選手は全て朝鮮人と思われ、朝鮮人中心の大会だったことは間違いない。

もう一つの特徴として、キリスト教系の学校の参加が多かったことが挙げられる。これは主催が中央基督教青年会であったことが大きな理由であろう。先に挙げた崇実学校もその一つだが、一九三八年に神社参拝拒否が原因で廃校となっている。この出来事は、戦時下朝鮮における皇民化政策の性格を強く反映した事件として有名である。なお、崇実学校は光復後ソウルで再興され（一九五四年）、現在の崇実大学校へとつながっている。

一九二九年の大会は、優勝は儆新学校、準優勝は京城第二高等普通学校だった。京城第一高等普通学校は、二回戦で第二高等普通学校に十四対十一で敗れていた。一九三〇年の大会ではY君は、京城第一高等普通学校が試合をしない十七日も友人と試合を見に行っている。そして十八日、中東学校との試合の日の日記を見てみよう。私の判断になるが、この日記の中で、最もY君の感情が溢れている記述となっているので、堪能してほしい。

今秋のsport seasonの嚆矢である全鮮籠球選手権大会に我が校は強い自信と確実な実力で出場。今日は中東高普と対戦。強敵だ。愛校心に燃える私のheartは私を試合場に連れて行った。観戦すると一進一退。相手が一点取れば我々も一点を取る。虚虚実実、火を噴く大熱戦。大接戦は、十二対十二の同点で五分間の延長。また一点対一点で引き分け。また……また……。三回も延長となり、三回目ではついに我が校独特の堅忍力と技術で五分間に一挙十一点、相手はただ二点を得るのみ。この試合を見た私の心は？　言葉で表現できない［九月十八日］

冒頭、「sport」に末尾の「s」が抜けているのはご愛嬌として、「sport season」及び「heart」は、本文でも英語で書かれている。

試合相手の中東学校は、キリスト教系ではなく朝鮮人によって運営されていた私立学校である。日記に「中東高普」と書かれていることに注意したい。高等普通学校と名乗るためには、朝鮮総督府の定める朝鮮教育令を始めとする諸法令に準拠した運営・カリキュラムを整備する必要があるのだが、中東学校は、今日のホームページによると一九二五年に「朝鮮語教育維持のために高普認可拒否、『高普同等』として指定を受ける」と書かれている。しかし、当時の新聞には二八年に高等普通学校として指定を受けたとする記事が掲載されている。

この学校名称の違いは、総督府による教育への干渉を受け入れるか否かという問題を内包しており、単純な問題ではない。いずれにしても、学校名としては引き続いて「中東学校」を使用しており、その他統計資料などでも私立高等普通学校として扱われていないことは確かである。他の学校の教育内容まで踏み込んだ理解があったとは思えないY君が書いた「中東高普」という学校名は、学校名としては誤りであるが、正式名称では高等普通学校を名乗っていなかったとしても、学校の程度として高等普通学校と同等であったという同時代認識を表しているのかもしれない。

試合は、延長が三回にも及ぶ大熱戦になった結果、京城第一高等普通学校が勝利を収めるという展開だった。愛校心が試合会場へと導いたという表現から始まり、「虚虚実実、火を噴く大熱戦」とおよそバスケットボールの試合を形容するには、かなりオーバーな表現まで飛び出している。文字通り「言葉で表現できない」ような感情の爆発を読み取ることができる。それはＹ君のみならず、**「学校では昨日我が校が中東に勝った評判でもちきり」【九月十九日】**というように、学校全体に広がっていた。

この試合に対する新聞報道は「新進中東の善戦」として描かれていた。試合終了数秒を残して中東が同点に追いついたことで、三回にわたる延長戦までもつれた試合となった。最終的には、「新進中東の善戦も残念ながら敗れてしまった」と締められている。

しかし、こういった時こそ油断は禁物なのである。九月十九日、Ｙ君は**「今日バスケットボールの試合に勿論勝つと思い、明日の決勝に行こうと思っていたが、後で聞くと我が校は普成高普に二点差で惨敗！」【九月十九日】**してしまうのである。同日**「これほどまでの愛校心で一杯の私の胸は爆発しないだろうか」**と嘆き、翌日になっても**「バスケットボール大会に行こうとしたが、昨日惨敗した影を如何に消せばよいのか！」【九月二十日】**と嘆き続けることになった。

Y君が見逃してしまった試合を新聞記事（『東亜日報』）によって再現しよう。見出しには「近来稀有のシーソーゲーム」と書かれており、まさにその通りの展開だった。前半戦は一進一退の攻防が続き、普成はフィールドゴールを中心に、京城一高普はフリースローを中心に得点を重ね、十二対十一の一高リードで終えた。後半開始後、一高が一挙に六点を挙げると、普成もフィールドゴールを重ね、後半の終わり頃に二十四対二十二の一高リードとなり大勢は決まったかに見えた。しかし、「最後の瞬間に普成命のフィールドゴールをあげ、勝敗の分岐点となる二点を得て、一高軍は含涙の惜敗となってしまった」という。

この年は、他に六月に中等学校野球リーグ、十月に全朝鮮中等学校蹴球大会など様々な球技の大会が開催されていたが、日記に登場する大会は、バスケットボールだけである。それ以外のスポーツでいうと全鮮柔道大会を見に行こうとしたところ、入場券が売り切れていたことがある程度である【**九月五日**】。このことからY君にとってバスケットボールは特別であったことが分かる。ちなみに、一九三〇年の第十六回全国中等学校優勝野球大会第十回朝鮮予選大会、いわゆる甲子園予選に、京城第一高等普通学校は参加していない。野球観戦は、母校の校洞普通学校と斎洞普通学校の試合を一度見ている以外、記述はない【八月二十四日】。

観戦でもなく、また授業以外の機会で、実際にY君が行ったスポーツを見ると、その数はかなり少ない。数えてみると、バスケットボール四回、サッカー一回、野球一回、テニス一回程度である。柔道を習おうとしたことがあり、入門願書まで準備したが父の許しを得ることができなかった【一月十九日】。また、五月には剣道を習いたいと医者に相談するも、止められている【五月一日】。スポーツをしたすべての回数がこれだけだったとは考えにくく、柔道や剣道など、自らの意志で習おうとすらしていることから、体を動かすこと自体が嫌いなわけではなかった。その中でもやはりバスケットボール観戦が頭抜けており、やはりY君はバスケットボールが相当に好きであったと見える。

第四章　Y君の夏休み

夏休みは、学生時代の楽しみのひとつであることを否定する人は少ないだろう。心躍る夏休みの始まりと、思ったよりも早く過ぎてしまい、慌てる夏休みの終わりは、多くの人が経験する、学生時代の記憶である。Y君も夏休み開始前日から**「今日だけ登校すればそれから四十四日間は楽しい夏季休学だと考えると、どうしてこの心が沸き立たないだろうか」「七月十七日」**とその気持ちを記し、残念ながら翌十八日も学校に行かなければならなかったが、十九日に**「いよいよとうとう夏季大放学が来た。今日からは完全に休学だ。至今の爽快な味を誰が知らないだろうか！」**と開放感を全開にして喜びを表現している。

但し、これも今日と同じだが、夏休みの開始は、同時に一学期の成績の発表を伴っている。**「六時五十分頃に成績表が来た。どきどきする気持ちであけてみると？？？　成績は成績表に一任しておいた。しかしただ言葉にしておくと図画が五十点、商業は満点で、修身は九十点なので、どうしてこれらの事は、特筆しないでいられようか」「七月十九日」**。日記の表現を見ると、どうやら成績表は手渡しではなく、家に郵送されてきたようである。続けて書いてある点数から想像するに、図画の点数がとても悪く、全体としても思ったような成績ではなかったのだろう。「成績は成績表に一任しておいた」という何とも言えない表現に、諦観の気持ちがよく表されている。

「商業の試験問題は難しかったが幸いなことに私が見てきたところだったので、良く出来た」［七月十四日］と言っていた通り、商業は満点だったし、修身のテストでも**「先生の言葉と教科書の要点を抜き取り、一大論文を作成した」［七月十五日］**結果、Y君渾身の一大論文は成功を収めたことが確認できる。一方で、満点の見込みがあると言っていた漢文は、うまく結果が出なかったようで、言及は見られない。いずれにしても、こうしてY君の夏休みは始まった。

ここでは、時系列に沿ってY君の夏休みを追っていこう。

▼朝の散歩

夏休みに入ってまず最初にやりたかったのは、南山公園への朝の散歩であった。夏休み初日の十九日は朝五時に起きて、親戚の家に行って従兄弟ふたりを誘ってみたものの、小雨のために断念した。翌日も小雨のため断念し、豆を買いに典洞《チョンドン》市場へ行っている。

ついに目標を達したのが、二十一日であった。**「従兄を連れて南山公園に行き、その薬水であり清らかな水を飲み深呼吸をすると、心が爽快」**であった。この従兄は先に紹介したように、同い年で京城第一高等普通学校に共に通学している。夏休みだけではなく、学校があるときの放課後も非常によく一緒に遊んでおり、大変仲の良い従兄弟同士であった。なお薬水とは湧水などをさして用いることが多い言葉である。

二十一日はその後さらに、父と洗剣亭まで親戚の引っ越し先を探しに出掛けている。洗剣亭は景福宮の北西、京城を取り囲んでいる城壁を越えた京城府の外にあり、山に囲まれた要所のため朝鮮時代に守備隊が置かれていた場所である。「亭」という文字があるように、東家があり風光明媚な場所であることから、朝鮮時代の実学の大学者であった丁若鏞《チョン・ヤギョン》（一七六二～一八三六）もここを訪れ、「遊洗剣亭」という詩を残している。

洗剣亭までは、一番近い路面電車の駅である孝子洞《ヒョジャドン》から徒歩一時間程度の距離になる。景福宮の後ろに聳える北岳山を越えていく道もあるが、どちらの経路を辿ったのか、日記では明確ではない。洗剣亭からさらに歩いて農家でリンゴを買い、途中、「山で清らかな水」を飲みながら北漢山山頂まで登って漢江を見下ろしたという。最短でも四時間の行程となる。その後老人たちと家の話をして帰り着くと午後九時半になっていたという。家の話を老人としているので、おそらく父親も同じ行程を歩いたと考えるのが妥当であろう。十時に出発して二十一時半までという、十一時間半の本当に長い遠足であった。この時登った北漢山山頂がＹ君にとっては**「一生の「record を打破する一生で最も高い場所」**だったようで、その喜びも伝わってくる。

実は翌日にも従兄弟ひとりと洗剣亭にいく約束をしていたようで、朝その従兄弟が家にやってきた。流石に前日の疲れがあったため、洗剣亭までは行かず、朝食後に片道三十分程度の**「翠雲亭にいって薬水を飲んできた」「七月二十二日」**のち、親戚の家に行き、そこで友人たちと将棋などをして過ごした。

翠雲亭は、Ｙ君が通った京城第一高等普通学校からさらに北へ二十分ほど歩いた、嘉会洞《カフェドン》北部の山あいにあった。「薬水」と書いているように湧水があったようで、当時の新聞の紹介記事でも冒頭に「風が水音なのか、水音が風なのか」と書かれている。今日でも翠雲亭があったと思われる場所にあたる三清公園には湧水があり、もしかするとＹ君が飲んだ「薬水」と同じものかもしれない。また、韓国で最初の図書館である京城図書館も、開館当初は翠雲亭に置かれており、一九二五年発行の地図には図書館の文字も確認できる（Y君が訪れた時には既にタプコル公園横に移転済み）。翠雲亭という名称から東家のみをイメージしてしまうが、今日の公園のような空間だったように思われる。

　翠雲亭あるいは洗剣亭は、またすぐに日記に登場する。一月に亡くなった祖父の葬礼のために、七月二十六日に親族たちが集合したが、その中には従兄弟六名も含まれていた。葬礼が朝食前に終わったこともあり、その後ひとりを除いた従兄弟五名とY君で**「翠雲亭に薬水を飲みに行ったのち、意見の一致でより元気となったので北岳山を越え彰義門を経て洗剣亭に行った」**という。このメンバーの中には、普通学校入学前、つまり六歳くらいの従兄弟も含まれているが、全員で標高三百四十二メートルの北岳山を越え、一時間程度歩いて、洗剣亭まで行ったのである。**「途中日差しがひどく強く照りつけるため、汗は水となって顔を流れていき、（顔は）大変赤くなった。しかし洗剣亭の水はとても清涼で私たちの清遊を満足させるには十分だった。二時間ほど楽しく遊んで帰途についた」**が、この間、昼食は食べなかったようで、**「大変空腹だった」**と感想が書かれている。夏休み最後の日、八月三十一日にも両親と共に彰義門外に行っている。

ここに挙げた、洗剣亭あるいは北漢山への散策が、Ｙ君が夏休みに京城府から外に出た機会の全てであった。一九三〇年ともなれば、鉄道網の成立を背景として観光振興など様々な動きが朝鮮でもあったが、たとえ富裕層であったとしても、旅行は誰もが享受できるようなものではなかった。

▼のめり込まなかった麻雀

むしろ、Ｙ君の夏休みは、同年代の従兄弟たちや入れ替わり立ち替わりやってくる親族たちと、それぞれの家を行ったり来たりしながら日々を過ごすものだった。そして回数は少ないが、学校の友人たちとも遊んでいる。具体的な遊びとして書かれているのは、囲碁や将棋、あるいは麻雀であった。

この当時、麻雀は大変流行していた。『朝鮮日報』の記事では、「現在朝鮮各地に瀰蔓している所謂麻雀熱は日毎に熾烈になり、あたかも紳士として行動しようとするならば、これに対する素養が一つの条件のようだ」とまで言われている。

しかし、別の記事によると、最近流行してきた麻雀は「亡国民の娯楽」であり、中国ではアヘンと同様に禁止されているとまで書かれている。なお、この記事の見出しは「『亡国道楽』の魔物が衰退朝鮮で流行　囲碁将棋よりも大流行　時間の大賊、麻雀」(『東亜日報』)とあり、強い批判を受けていたことがわかる。このほか当然ながら賭博性を指摘する記事も多く見られる。麻雀は確かに大流行していたが、同時に極めて危険視もされていた。例えば平安南道孟山《メンサン》郡では、官公吏を中心に莫大な被害があるということで警察が禁止に乗り出すほどであった。Y君が「不健康」な麻雀を楽しんでいたかどうかは不明だが、この夏休み期間以外では麻雀への言及がないことから、のめり込んでいたということはないようだ。

▼「巨人」への並々ならぬ関心

Y君が夏休みに繰り返し書いていたのは、散歩ともう一つあった。それは、巨人・金富貴《キム・プギ》である。身長七尺三寸五分、つまり二百二十二・五センチの「巨人」だ。慶尚南道昌原《チャンウォン》生まれの二十五歳あるいは二十六歳と言われており、全羅南道求礼《クレ》にある華厳寺で十年ほど修行していたが、一九三〇年に至って「俗界」に現れるようになり、八月三日から京城に来ていた。

Y君は四日の夕刊で**「朝鮮未曾有の巨人が京城に来るという報道」**に接しており、**「夕食後散歩で貫鉄洞に行きその隣の日新旅館に宿泊している例の巨人、金富貴僧を見た」【八月四日】**と記している。

この日の新聞報道によると「鍾路の交差点に突如身長七尺六寸の文字通り巨人が現れた。交差点の広い道には彼を見物しようと集まった人々によって、電車やタクシーや人力車やバスがいずれも一時停車し、付近一帯は混乱状態に陥った」（『朝鮮日報』）とされている。新聞報道では身長がさらに二寸五分（七・五センチ）伸びている。余談だが、一九三八年の新聞では、二百三十八・七センチにまで伸びている。

ここにある「鍾路の交差点」とは、現在では地下鉄一号線鍾閣《チョンガク》駅があり、普信閣や鍾路タワーのある交差点である。当時も京城駅から南大門通りを通って北上してくる路面電車と鍾路を東西に走る路面電車が交わる地点であり、先の新聞記事にあったように、タクシーも人力車もバスも通る交通の中心地であった。

台数こそ少ないが、バスやタクシーも一九三〇年には当然ながら登場していた。一九三一年に朝鮮人資本としては唯一の和信百貨店が、内地人商圏である本町通りに対抗して、この交差点に面して店を構えたことは、この地域が朝鮮人商圏の中心地であり、人の集まる場所であったことを示している。その地を大混乱に陥らせるほど、金富貴への注目度は高かった。

この当時、朝鮮人で「巨人」といえば、昭和以降の力士の中で最高身長と言われる二百十六・五センチを誇った白頭山福童（一九〇三〜没年不詳）がいた。白頭山福童は力士としては大成せず一九三〇年に廃業している。この日記の段階ではまだあまり有名ではなく、Y君が金富貴のことを「朝鮮未曾有の巨人」と書くのも納得できる。白頭山福童が有名になるのは、一九三四年以降「キャラメル大将」として、森永製菓の広告塔となってからである。朝鮮はもちろん、内地や台湾などへも巡回し、特に子供たちの人気は絶大だったと言われる。

好奇心の強いY君は翌五日にも金富貴を見物しに行こうとしたが、酷暑のため行けず残念がっている。金富貴はその後長く京城に滞在していたようで、八月十四日、父親と一緒にいた鍾路洋服店で「東洋的巨人金富貴」を見ている。この時Y君は金富貴を「仔

細に」見たと書いているので、おそらく金富貴も洋服を仕立てたものと考えられる。

この鍾路洋服店は、一九一六年に李斗鎔《リ・ドゥヨン》が開いたテイラーで、朝鮮における洋服導入初期から続く名店として存在していた。「南大門通り一丁目三番」、現在の普信閣に隣接する場所に店舗を構え、咸鏡南道咸興《ハムフン》にも支店があった。少し後の一九三四年になるが、京城府内の納税者番付のような企画で、朝鮮人が店主の洋服店の中で一位として名前を挙げられるなど、地域では名の知れた名店だったようで、本店は現在も場所を変えて営業している。

そして、ついに八月十七日に**「my mother can see the giant（金富貴）to-day!」**とあり、家族全員が金富貴を見たことが確認できる。両親が見たことまで書き綴っていること、しかもあえて「can」を使って日記に書いていることから、Ｙ君の金富貴への関心の高さを知ることができる。流行に敏感なＹ君の姿が思い浮かぶ。

▼肉食は特別な日に

最後に、夏休みのグルメについて見てみよう。普段と違い学校がないため、日記の記載に食べ物が多く登場している。また、時間的に余裕があるからだろうか、さまざまな間食を取っている様子もうかがえる。ともあれ、一九三〇年京城、夏のグルメを見てみよう。

　記載が全て揃っているわけではないが、朝食は軽め、昼食は軽い時もあればしっかり食べることもあり、夕食はしっかり食べるイメージとなっている。例えば、緑豆粥は朝食や昼食に食べることはあるが、夕食では食べておらず、天ぷらは昼食あるいは夕食で食べている。

　肉類については、夏休みを通じて八月二十一日の一回のみ登場している。その時は、**「洋鶏二匹《ママ》六十銭で買ってきて夕食時に父が一匹、私が一匹食べた」**とあり、母親が食べていないのが気になるところだが、ひとり一羽ずつ食べるとは大した健啖家である。Y君は、このような大食いな一面を見せる一方で、この日は一日雨だったようで、**「今日のように雨が降る日は私の一番楽しい日だ。世上がすべて静寂となり、しばし降る雨の地上をかるくたたくその音は、終わりのない人生の情緒を引き出す」**といった詩的な表現をサラリと書いている。

夏休み中のみならず、日記全体を通じて肉類はあまり出てこない。先に出てきた鶏肉に関しては、一月七日にも登場する。その時も市場で購入し、家で調理して食べたようである。豚肉は**「母が支那料理酢豚を一皿買ってくれ、私も食べた」**［九月二十二日］という一回しかない。

牛肉については、九月八日、十月二十二日、十月三十一日、十一月四日の四回記述があり、登場回数は、やや多い。このうち九月八日はY君の誕生日であり、朝食から牛肉を焼いて食べているし、十月二十二日は祖父の葬礼のため、**「朝食に牛肉スープを食べることができた」**と言っている。四回のうち二回は特別な日だったがために、牛肉を食べることができたのであった。今日、韓国といえば焼肉というイメージだが、一般家庭で牛肉が食べられるようになるのは一九七〇年代以降と言われており、少なくとも年四回も食べているY君の家は、やはり裕福な家庭であった。

▼流行の「モダンパン」

ついで注目するのは、パンである。七月まではほとんど登場してこなかったパンだが、七月二十一日に父親と**「食パン一筒と砂糖」**を買って洗剣亭に行き、三十日に**「今日ははじめて『モダンパン』を買って」**以降、たびたびパンが日記に登場するようになる。日記の記述だけを見れば、おそらく「モダンパン」が相当に美味しかったのではないだろうか。

この「モダンパン」だが、一九三〇年秋頃に大流行していた。新聞のコラムでも「〝ハイカラ〟という新語から〝モダン〟へ、〝モダン〟から〝先端〟へ、このように新たな新語が流行している▲市内の通りでは〝モダンパン!〟〝モダンパン!〟と叫ぶ声が聞こえる▲〝助け合い饅頭〟から〝ロシアパン〟、そして〝玄米パン〟から〝モダンパン〟▲兎角流行の時代相は人の身なりから〝パン〟まで▲次は〝先端パン〟が誕生する番」(『東亜日報』)と取り上げられている。このコラムからも分かる通り、モダンパンは店舗で販売されていたのではなく、道端で個人が売っていたようである。では、モダンパンとはどんなものか。Y君が**「最近流行しているモダンパンに属するカステラパン」【八月四日】**を食べたと言っていることから想像するに、おそらく甘い菓子パンのようなものだったのではないだろうか。

モダンパン以外には、すでに書いた通り食パンも登場する。食パンは玉成東という店で夏休みの間だけで三回購入していることが確認できる。この玉成東は、災害発生時に義援金を拠出したことで新聞記事に何回か登場しているが、中華系の商店であったことがわかるだけで、それ以外の詳細ははっきりしない。

中華系の食べ物は、日記の中で何度も登場する。先に挙げた肉類に関しても、酢豚として「支那料理」という記述が見られたほか、学校が始まった九月一日やY君の誕生日にも食べている。いずれも購入して食べていることから、Y君の好物であったか、ご馳走の一つだったと考えられる。このほかにも、「支那パン」三回、「支那餅」が二回、支那菓子も一回登場している。中華系と思われる食べ物が一九三〇年の京城でかなり浸透していたことが分かる。

よく食べたマクワウリと桃、格別なリンゴ

最後に指摘したいのは果物である。夏休みの記述だけで延べ二十回登場している。最多登場はマクワウリで、八月七日には午前と午後に一回ずつ食べ、十四日には昼食時に

三つ食べ、さらに同じ日の夜市でも食べている。二十三日にも午後のうちに二回と、一日の中で複数回食べるケースも多い。日本ではあまり食べないが、今日の韓国でもマクワウリは夏に食べる代表的なフルーツの一つである。手のひらほどの大きさの黄色い果実で、真ん中にメロンのように小さなタネがある。甘みの強いものもあるが、多くはさっぱりとした甘さで、大変な人気を誇っている。

マクワウリを夜市で食べていることにも注意したい。夜市は京城の名物であった。一九三一年に発売された「京城小唄」(西条八十作詞・中山晋平作曲)という、今日でいうところのご当地ソングでは、「月見草かよ　鍾路の市は　ヨイトサ　昼はしおれて　夜ひらく」と歌われており、京城の名物のひとつとして広く認識されていた。

ちなみに、この「京城小唄」の歌詞の中で京城を象徴する事物として、夜市以外に、漢江・南大門・妓生・アリラン・オンドル・神仙炉(料理名)・チゲクン(荷物運びの人夫)・朝鮮神宮が登場する。韓国料理の中から選ばれている神仙炉は、真ん中に穴が開いたしゃぶしゃぶ鍋のようなものに、海のもの・山のものを綺麗に並べて煮る宮廷料理である。現在では、韓国料理と言ってすぐに思い浮かぶ料理ではないが、当時は韓国料理の代表であった。

京城を代表する鍾路の夜市の知名度に対抗してか、内地人が中心となっていた京城商工連合会が一九三〇年、南大門通りで同じく夜市の開催を計画していた。南大門通りは、京城駅から内地人商圏の中心地本町通りの入り口を経由して、鍾路洋服店の建つ鍾路交差点で鍾路の通りと交差する道である。

鍾路の通りは朝鮮人の商圏であったのに対して、南大門通りは内地人商圏であり、まさに朝鮮人商圏に対抗する意図から、夜市の計画が立てられたのだと推測される。さらに同年十月二十五日には、南大門通りと本町通りの交差点に三越京城店の新館がオープンしている。新館の開店に加えて夜市計画を推進することで、朝鮮人顧客の新たな獲得を計画していたのかもしれない。三越の新館開店を知らせる広告（次頁）を見ても分かる通り、三越の前に居並ぶ人々は、洋装をしたモガ・モボ（モダンガール・モダンボーイ）だけでなく、和装に加えて朝鮮の伝統的な服装をした人物も描かれている。この広告は日本語新聞『京城日報』掲載のものだが、『東亜日報』にも全く同じ絵柄で、文章のみ漢字ハングル混じりに訳されている広告が同日に打たれている。三越は、当然なが

三越の広告
（出典：韓国国立中央図書館　大韓民国新聞アーカイブ）

ら内地人だけではなく、朝鮮人にも来店を期待していた。実際に、Y君も開店五日後に「三越呉服店新築場を見物に行って」［十月二十九日］いる。但し、なんら感想を残していないことからすると、あまり興味を惹かれるものではなかった可能性がある。しかし、この京城三越店は、当時京城にあったいわゆる五大百貨店（内地資本の三越・三中井・平田・丁子屋と、朝鮮資本の和信）の中でもトップを争う存在であり、三越の中でも全体売

上の一割程度を占める優良店でもあった。

内地資本のうち、三越以外は今日、あまり目にしない百貨店かもしれない。確かに平田百貨店は木造二階建の店舗であり、現在の基準で言えば百貨店と呼べるか難しい側面もある。一方で、丁子屋百貨店は、支店として釜山・平壌・元山に加えて満洲の新京、関東州の大連に支店を持っていた。三中井百貨店にいたっては、朝鮮内に十二店舗、満洲に三店舗、中国に三店舗に加え、京都本部と大阪・東京に仕入部を置いており、文字通り東アジア随一の店舗網を構築していた。この三つの百貨店の本店は京城に位置しており、内地には店舗を構えていなかったという共通点を持っている。戦前の東アジアにおける百貨店を考える際に、京城はその一大拠点となっていたのである。

果物に話を戻そう。マクワウリの次によく食べていた果物は桃である。但し、桃と言っても「桃」と「水蜜桃」の二種類に区別して書いている。例えば、八月十七日には**「私は水蜜桃と桃とトウモロコシを食べた」**といった具合である。これは朝食として食べており、同日夜にはさらに**「八時半に水蜜桃十個を買って帰ってきて食べた」**と言っている。さすがに十個全てを食べたわけではないようで、翌日**「昨日買っていて食べ残**

したものを食べた」とある。

では、桃と水蜜桃の区別はなんであろうか。今日韓国に行くと、あまり甘くなく果肉が硬めでしっかりとした桃と、水分量が多くて甘く果肉が柔らかい桃の二種類が売られている。日本で主に売っているのは後者であるが、これをそれぞれ「桃」と「水蜜桃」と呼んでいるのではないかと思われる。ちなみに水蜜桃は一個五銭であった**［八月二十四日］**。全部で八回登場しており、朝食や昼食として登場したり、間食として食べたり、マクワウリ同様夜市でも食べている。

登場回数では、マクワウリや桃に後塵を拝するが、Y君から最も熱い評価を受けているのがリンゴである。先にも挙げたが、洗剣亭に父と行った際もリンゴを食べていた。さらに夏休み最終日に**「五分間で父、母、私の意見一致。彰義門外へ林檎を買いに向か」**っている。その道中及び目的のリンゴの味に対する感想は次のようであった。**「途中の愉しみはまた格別。到着の心地よさはまた格別。最々上等だ。蜜の味がむしろ出るよう。すなわち林檎のとてもおいしい味もまた格別」［八月三十一日］**。食べ物に対する感想は比較的冷淡なY君であるが、夏休み最終日という感情の高まりもあってか、両親と一緒に出かけたことが嬉しかったのか、非常に饒舌にその味について感想を述べている。こうして、Ｙ君の夏休みは終わったのだった。

一点付け加えておかなければならないことがある。それは宿題の進捗状況についてだ。Ｙ君のすごいところは、学校から出た課題をほぼ毎日こまめに進めていることである。もちろん最終日まで宿題をしてはいるが、慌てる様子はなく、日々の努力の積み重ねがあってこそ、最終日に両親とリンゴを買いに京城府外まで散策できたのである。

第五章　Y君の日常——医療、映画、年中行事

▼日常は市販薬

祖父の病気による死や母の入院など、この日記には医療に関わる大きな出来事が二つも含まれていた。ここでは、Y君が残した医療に関わる内容を取り上げてみたい。

植民地期朝鮮の医療は、伝統的な韓方と西洋近代医学のふたつの流れが共存していた。母親の入院先が京城帝国大学附属病院であったことからも分かる通り、Y君の一家は、西洋近代医学を選択していたし、選択できるだけの財力を持っていた。

具合が悪くなった時に、まず頼るのは処方薬ではない市販薬である。腹痛になった時には**〈カオール〉**を飲み**【一月七日】**、下痢までした際には、ケープを朝食の代わりに飲んでいる**【八月二十七日】**。カオールは、和漢生薬を複数配合した仁丹に似た製品で、小さな粒状の薬剤を二～三粒飲むという服用方法も仁丹と同じだ。仁丹が一九〇五年発売なのに対して、カオールは一八九九年発売開始と、歴史はより古い。広告の売り文句として「口内殺菌剤」あるいは「口より入る病を防ぐ」と書かれている。植民地期朝鮮においても仁丹と同様、積極的な宣伝を行っていて、新聞の一面広告などを見つけることは比較的容易である。決定的な薬効がよくわからないと言われていたが、Ｙ君の腹痛はカオールを飲むことで見事に治っている。よりひどい下痢の時に飲んだケープについては、その効果は残念ながら不明である。ただ、Ｙ君は**「その苦い味は薬の中で一番苦い薬だ」**というほど苦いものだったようだが、結局その後も数回下痢をしており、効果のほどはイマイチだったようである。

カオールや仁丹と同様、同時期に積極的な広告展開をしていた市販薬の一つに大学目薬がある。大学目薬は一八九九年から販売を開始した商品で、朝鮮半島でも積極的に販売されていた。Ｙ君も**「医院から戻る時に大学眼洗薬を買ってきた」［五月五日］**と言っており、名前は不正確だが、おそらく大学目薬を指していると思われる。

ちなみに、目薬において大きな変化の時期でもあった。当時、目薬はガラス容器で販売され、スポイトなど別の道具を用いて目に入れていたが、目薬の入っている容器から直接目に薬を垂らす動作が可能となった。つまり、目薬の容器の上に押すことができるゴムを取り付け、下には細い管をつけた、「滴下式両口点眼瓶」をロート製薬が開発したのである。これによって、点眼度動作が今日と同じになったのだ。この容器は、「自動点眼器」と名付けられ、一九三一年より発売が開始された。

体調不良が市販薬で治らない場合には、病院で処方してもらう薬に頼ることになる。ある時は**「セブランス病院にいき消化薬と風邪薬を買」［一月十三日］**い、またある時は**「沈医師にいき薬をもら」［四月十六日］**い、**「外祖父診療所に行き、父の病勢を伝え丸薬」［十月二十四日］**を受け取ったこともある。

▼かかりつけの病院と医師たち

セブランス病院は京城駅近くにある、一八八五年に設立された広恵院に淵源を持つ朝鮮最古の西洋医学機関である。初代院長は外交官・宣教師・医師と多様な顔を持つホレイス・ニュートン・アレン（一八五八〜一九三二）が務めた。その後、済衆院を経てアメリカ長老会へと移管され、一九〇五年にセブランス病院となった。当時京城で一二を争う名門医療機関と言える。

次に登場した「沈医師」とは沈浩燮《シム・ホソプ》のことであり、Y君のかかりつけ医のような存在であった。何か体調を崩した際には、まず沈浩燮医師に頼るのみならず、剣道をしてもよいかも沈浩燮医師に相談している［五月一日］。そのため日記への登場回数も多く、六回を数える。

沈浩燮は一八九〇年に生まれ、一九一三年に朝鮮総督府医院附属医学講習所を卒業した、いわば朝鮮における初期西洋医学教育を経験した人物である。その後一九一六年に京城医学専門学校助教授、一九一八年にはセブランス医学専門学校助教授となっている。一九二五年に東京帝国大学で博士学位を取得し、一九二九年には、再びセブランス医学専門学校教授として教鞭を取るかたわら、開業医としても勤務していた。当時雑誌で「漢陽城中を見渡しても医師として彼の右に出るものはいない」とまで言われていた人物である。セブランス医科専門学校では「内科の鬼」と学生たちから賞賛ともおそれとも取れるあだ名をつけられていたようだ。日本でもその名は知られており、一九三〇年には日本医学会から朝鮮人として初めて金牌を受けている。文字通り、当代最高の医師と言っても過言ではない人物だった。

次に「外祖父診療所」とあるが、母方の祖父は、宣教師たちに朝鮮語を教えるなどした人物で、西洋文物に明るかったが、医師であったとの記録は残念ながら見つからない。

ただ母の兄弟には、先に挙げた沈浩燮と並び称される洪錫厚《ホン・ソッコ》という医師がいる。

洪錫厚は一八八三年生まれで、沈浩燮より七歳年上である。一九〇五年に官立医学校を卒業、さらに一九〇八年にセブランス病院附属医学校を卒業して、一九一三年からセブランス連合医学校の助教授となっている。一九二九年にニューヨーク医科大学院への留学を終えて京城に戻り、セブランス医学専門学校の教授に就任している。個人医院も構えていたようでもあり、日記に書かれている「外祖父」は「外伯父」あるいは「外叔父」の誤りだったのかもしれない。

また、経歴を見る限り洪錫厚と沈浩燮は重なりが多く、医師の数も決して多くない当時の状況を考えれば、互いに知り合いであった可能性は高い。沈浩燮が卒業した朝鮮総督府医院附属医学講習所の前身が、洪錫厚が卒業した官立医学校であり、その後両名ともにセブランス医学専門学校で、助教授・教授となり教鞭をとっている。想像を逞しくすれば、洪錫厚の紹介で沈浩燮がY君のかかりつけ医になったのかもしれない。

このように洪錫厚の影響もあってか、Y君の家族たちは、普段体調を崩した場合はセブランス病院関係者に頼り、大病を患った時には、京城帝国大学附属病院で手術を受ける、極めて質の高い近代医療を受けていた一家であった。費用その他から考えても、これは決して一般的ではなく、やはり一家の裕福さや進取の気質を示していると言える。

▼トーキー映画が登場した年

都市における娯楽の王様、映画もY君は楽しんでいた。日記の中でひとりの友人のことを**「活動写真狂」**と呼んでいるなど、同級生の中にはすっかりハマっている生徒もいたようで、生徒の間でも人気のある娯楽だったと推測される。また、**「叔母の友達のmodern girlsがきて映画の話をずっと咲かせていたので、（私も）中に入ってカエルのような声を発揮して大座談会を開催」**［八月十八日］というように、モダンガールとの共通の話題としても映画が登場している。「カエルのような声」とは一体どんな声だったのだろうか。さぞかし興奮気味に話をしていたのだろう。

一九三〇年は、朝鮮で映像と音声が同時に出るトーキー映画の上映が開始された年にあたり、それに対応した映写機の導入が進められていた。映画の一つの画期となる時代であった。但し、Y君は映画ではなく活動写真と、やや時代がかった呼び方を多くしている。

一九三〇年当時、京城には映画館は八館あった。このうち日記に登場する映画館は、東亜倶楽部・本町活動写真常設館の喜栄館《ママ》・中央館活動写真館・ミナト座の四つである。

東亜倶楽部の前身は、一九一三年に黄金町四丁目に開設された黄金館である。当時桜井町にあった大正館と松竹の配給を競い合う、人気の高い映画館だった。

また日記で「喜栄館」と書かれているのは、本町にあったということからも喜楽館のことと考えて間違いない。喜楽館は日活の配給を一貫して受けており、安定した人気を誇った。もう一つの中央館は永楽町にあって、マキノキネマから配給を受けると同時に洋画も掛ける映画館であった。配給会社が内地の会社であることからも想像できるように、弁士も日本語を使用していたと考えられる。

この三館は内地人が多く住む南村地域に存在していた。それに対して、最後のミナト座は鍾路四街、つまり朝鮮人が多く住む北村にあった。ミナト座は一九三〇年八月二十四日に開館したばかりで、当初の広告では「映画・音楽・新劇」と三つの柱があった。新劇部出演部には羅雲奎《ナ・ウンギュ》（一九〇二〜三七）の名前も見え、九月に上演した「炭鉱夫」

に出演していることも確認できる。羅雲奎とは、朝鮮映画の草創期を彩るスターのひとりで、一九二六年に監督・主演した映画「アリラン」は大ヒットを記録している。映画と新劇が完全に区分されていないのは当然のことであろうが、ミナト座としても当初は演劇を中心に据えていたようである。

Ｙ君は十一月二十九日に**「夜にミナト座で活動写真を見物しようと出かけたが、しかし理髪して八時に帰宅」**しており、映画も新劇も観なかったようである。ミナト座については、既に本書でも一度触れている。Ｙ君が学校で見せられ、小学校五年程度の知能だと驚いていた学者犬トミー。そのトミーが出演していた劇場こそが、ミナト座であった。

ミナト座以外にも北村には映画館が三つあった。仁寺洞にあった朝鮮劇場、授恩洞《スウンドン》にあった団成社、貫鉄洞にあった優美館である。このうち団成社は併合以前の一九〇七年に朝鮮最初の常設映画館として設立され、朝鮮最初の映画を制作・上映した映画館として知られる。Ｙ君の親族も住んでいた貫鉄洞にあった優美館は、薄利多売を経営方針と定め、団成社や朝鮮劇場の入場料が三十～五十銭だったところを、十銭としていた。公開からやや日の経ったフィルムを購入して上映することで、それを可能にしていた。結果、やや質の悪い観客が集まるようになり、暴力沙汰なども起こっていたようである。この当時の映画館自体が、人が集まる場所ということで独立運動関係のビラが配布されることもあり、「公序良俗」を乱す場として捉えられている側面も持っていた。

▼洋画も邦画も鑑賞

続いて、Y君が観た映画と映画館を挙げると次のようである。

一月一日：東亜倶楽部―「ベン・タ―ピンと犬」
九月六日：喜楽館―「女七変化」「The college hero」「腕一本」
九月二十七日：東亜倶楽部―「猛獣圏世界横断」他二本

一月一日から映画に行っていること、九月に行った二回はそれぞれ三本ずつ観ていることから、友人のみならずY君本人も「活動写真狂」だったのではないだろうか。このうち、九月二十七日は朝鮮修養団主催だったようで、先生に入場割引券をもらい観に行ったようである。この時は、**「東亜倶楽部に行くとたくさんの人が肘も膝も使って押すな押すなの大盛況。わたしもその一群のひとりとなって見物したが、特別面白くは無かった」**とむしろ不満が残った様子である。

「猛獣圏世界横断」（マーチン・ジョンソン夫妻製作）は一九三〇年に作成されたドキュメンタリー映画であり、十五歳の少年にとっては「特別面白くは無かった」と感じる可能性はあり得るだろう。この日に観た映画にはチャールズ・チャップリン（一八八九～一九七七）が出演していた映画も含まれていた。しかし、これも残念ながら楽しめなかったようである。ではこのほかの、Y君自身の好みで選んだ映画はどうだったのだろうか。

一月一日、新聞に掲載された東亜倶楽部の上映映画欄では、「新春劈頭超特別大興行」と称して、「珍妙恋の掛引」「マネキンガール」「夕凪城の怪火」そして「ベン・タービンと犬」の四本が掲載されている（『朝鮮新聞』）。このうち、「珍妙恋の掛引」と「ベン・タービンと犬」については詳細は不明であるが、ともに洋画のコメディ映画であった。残り二本は邦画で、「マネキンガール」（福西譲治監督、一九二九年）は職業婦人を題材とした現代劇だったのに対して、「夕凪城の怪火」（広瀬五郎監督、一九二九年）は時代劇であった。この中からY君は「ベン・タ－ピンと犬」を選択した。

ちなみに、九月六日に見た「The college hero」（邦題「大学の花形」、一九二七年）もベン・タ－ピン出演の映画である。ベン・タ－ピン（一八六九〜一九四〇）はサイレント映画の喜劇俳優として著名で、一時はチャップリンと共演していたがのちに袂を分かち、トーキー映画の登場によって自ら俳優業の一線から退いていた。

それぞれの映画について、Y君は次のように書き残している。「ベン・タ－ピンと犬」は、**「新年最初の娯楽に十分だった」**と評し、「The college hero」については、**「暴笑仰天大笑の喜劇の中でも私たちを感動させてくれた」**と評している。Y君としては、チャップリンよりもベン・タ－ピンが好みだったのかもしれない。

九月六日に見た残りの二本、「女七変化」（三枝源次郎監督）と「腕一本」（渡辺邦男監督）は、ともに日活が一九三〇年に制作した無声映画である。Y君がこの映画を観た喜楽館は日活の配給を受ける映画館であったことは、先に述べたところである。それぞれ六月七日及び五月一日が公開年月日となっており、内地とは三ヶ月程度の遅れで朝鮮でも上映されていたことが分かる。「女七変化」は現代劇、「腕一本」は時代劇と同じジャンルではないが、Ｙ君が雑誌『キング』に加え、時代物が多く掲載された雑誌『富士』も読みこなしていたことを考えると、両方ともに楽しく観たと考えられる。「女七変化」には**「感激した」**という感想を残している一方、「腕一本」については**「面白く見」**たと、Ｙ君にしては珍しく淡白な感想だけを述べている。

以上の映画は全てサイレント映画であり、南村の映画館で観たことになる。つまり、映画館では弁士が話をしていたはずであり、南村の映画館である以上、その言語は日本語だったと考えられる。Ｙ君は、弁士の節をつけるように唸る日本語すらも十分に聞きとることができていたのである。相当に高い日本語力を持っていたと考えられる。

九月六日は、本町にある喜楽館から直接家に帰ったのではなく、**「（喜楽館を）四時に出て、朝鮮神宮裏参道から朝鮮神宮境内に入り京城市内を見下ろしながら降りてくると、また痛快。その長い階段をおりて南大門に立ち寄って帰宅すると五時半」**と、一時間半ほど散歩している。これは、本町通りから南へ下り、京城神社へ上がらずにそのまま朝鮮神宮（天照大神、明治天皇を祭神として一九二五年創建）へとつながる道を歩いたと推測される。前日の九月五日には父と京城神社天満宮に行っているので、二日連続で京城神社までは行かずに、別のルートを取ったのであろう。そのまま朝鮮神宮の境内を通過して、南大門へと降りていく、朝鮮神宮名物の大階段を「痛快」に歩いている。一九三〇年であれば、まだ神社参拝などが奨励されていたわけではないことから、このような感想になったのかもしれない。あるいは単純に「痛快」に歩いたのかもしれない。その心の中までは読み取ることはできない。

▼陽暦と陰暦のお正月

ここでは、Y君が過ごした年中行事について見ていきたい。例えば、この日記帳は一月一日から十二月三十一日まで毎日一ページで構成されているが、この一月一日は陽暦の日付である。朝鮮ではこの陽暦に加えて、ひと月を二十九日とする陰暦も重視されていた。Y君は二重の暦の世界を生きていたとも言えるのである。

最も鮮明に陽暦と陰暦の差が表れているのが正月である。一九三〇年の陰暦の正月は陽暦一月三十日だったので、一月一日の記述と合わせて見てみよう。

西暦一九三〇年・昭和五年は今日から始まる。天が今日という新たな日を祝賀なさっているのか、天気は快晴だ。今年はどんなに大変であろうとも決心したことを実行する!! 八時三十分に起床して母の一九三〇年第一最初のプレゼントであるトックッにご飯を入れて食べ、学校に登校した。（中略）引越をして新しい家だからか私には年賀状が一枚も来ず、父にだけ貫鉄洞に三四枚来た。［一月一日］

正月最初の日。我々白衣の民の新年。特別に学校も十時四十分登校。三十五分授業だ。そして我が家では祖父の最初の喪亡だ。われわれ大小の家がすべて集まり喪亡を行った。祖父を考え懇切の極み。喪亡を終え、トックッを一杯食べた。これで十六歳だ。（中略）夕飯後昌成洞に新年の挨拶に行った。しかし外祖父、外四寸（訳者注：母方のいとこ）はいなかった。食べ物を出してくれたが、夕食直後のため食べられず。外祖母がお年玉として二十銭くれた。十六歳になったので嫌だと言ったが、貰わないわけにはいかなかった。［一月三十日］

西暦や昭和は一月一日から始まるのに対して、「我々白衣の民」の新年は一月三十日に始まるのである。この「白衣の民」とは、朝鮮民族の別称のことである。こう呼ぶようになった理由は、普段から白い衣服を着ていたからとか、喪服として白一色の服を着ていたからなど、さまざまな説が存在するが、明確な理由は分かっていない。

両日に共通しているのは朝食のメニューである。トッ［떡］は餅を、クッ［국］はスープを意味し、お餅の入った透明なスープである。トックッは、お正月のメニューとして一般的なものであり、陽暦・陰暦ともにお正月に食べたのだと考えられる。母からの「第一最初のプレゼント」という大げさな表現が目を引く。

この餅も日本の餅とは違い、もち米ではなくうるち米を原料に作るため、焼いても膨れるようなことはなく、噛むとしっかりと歯ごたえがある。この違いは日記の中でも区別して書かれており、単純に餅と書かれる場合は、朝鮮の餅を指すと思われ、**「日本〈モッチ〉」「二月十一日」**あるいは**「日本餅」「十月三十日」**、**「日本餅店」「十一月一日」**と区別されている。またもう一つ**「支那餅」「十月十二日・十一月十一日」**も登場するが、内容は不明である。同様の区別として**「キムチ」「十月二十五日」**と**「日本漬**

物」［九月五日］もある。なお、この「日本漬物」を購入した場所は永楽町であり、内地人が多く住む南村であった。

もう一つの共通点は、学校に登校している点である。一月一日は冬休み期間であり、第三学期の開始は一月八日であった。しかし、一月一日に登校して、**「講堂で新年祝賀式を終え、新年の贈り物として蜜柑をもら」**っている。行事のためだけの特別な登校だったようである。これに対して、一月三十日は通常の授業期間だが、「特別に」登校時間も遅く、授業自体も三十五分の短縮授業となっている。これは、陰暦一月一日には葬礼などの行事を行う家が多かったため、このような特別な措置が取られていたのではないかと想像される。

▼祖父の葬儀

陰暦一月一日の日記に描かれている「喪亡」とは葬礼の一種である。葬礼は月々に行われることになるが、まずは葬儀について見てみよう。葬儀は、亡くなった直後に一週間程度をかけて実施した。この日記では、一月十日に亡くなった祖父の盛大な葬儀が行われていた様子がうかがえる。

まず、亡くなった当日、祖父が住んでいた笠井町の家に、父をはじめとして親族たちが集まった。Y君は学校から直接笠井町の家に行き、一度益善洞の自分の家に戻って父の服を取って、再度笠井町に行っている。この夜両親は笠井町の家にずっといたのか、Y君は自分の家で叔母、使用人と一緒に寝ている。

翌十一日は葬礼が始まるため、学校に行かず一日中お使いで、親族の家を巡回することになる。益善洞（Y君の家）→笠井町（祖父の家）→貫鉄洞（伯父の家）→笠井町→貫鉄洞→笠井町→貫鉄洞→笠井町→益善洞と行ったり来たりの一日になっている。但し、その間にもいろいろ楽しんでおり、一回目の貫鉄洞では叔父たちと横になって休み、二回目に貫鉄洞に向かう途中では「胡人マンドゥ」を食べている。さらに到着した貫鉄洞では従兄弟たちと遊び、最後に笠井町から自宅に帰る途中では書店に寄って雑誌『少年倶楽部』の入荷を確認している。

三日目の十二日には、地方からも親族が集まり始める。遠く平安北道宣川《ソンチョン》からも叔母がやってきた。この日も笠井町と貫鉄洞を行き来しながら、途中途中で従兄弟たちと遊んでいる。

この日の葬礼で父と伯父が着ていた服に対して**「朝鮮の未開な感じと改良の感じが一度に感じられる」**という感想を残している。この感想は非常に重い。朝鮮のことを「未開」と感じる思考がY君の中に植え付けられていることを示しているからだ。朝鮮人エリートの卵であるY君だからこその感想かもしれないが、自身の持つバックグラウンドを「未開」と捉えてしまっていることは、本当に残念でならない。

四日目の十三日は、本来なら学校に行く予定だったが、服を笠井町に置いてきたことと、儀式に参加するよう言われたことによって、学校を休むことになった。これに対して、Y君は不満を表している。この他の部分でも出てくるが、Y君はとにかく学校が大好きのようである。この日も笠井町では儀式を行い、貫鉄洞に行っては従兄弟たちと遊んでいた。夕方になると、遺体を棺に入れて「日本馬車」に乗せて京城駅に移動し、さらに汽車に乗せた。翌日の記載からおそらく論山《ノンサン》に行っていたものと思われる。なお、わざわざ「日本馬車」と書いているのは、朝鮮では伝統的に棺を移動する時に喪輿というお神輿のようなものに乗せて人力で移動するが、それではなかったことを強調するためではないかと推測される。

五日目の十四日になってようやく登校した。学校から家に帰ると、母をはじめ皆が笠井町からY君の住む家に移動しており、日本の祭壇にあたる祭庁や祭器が準備されていたようである。ここからは、笠井町ではなく益善洞のY君の家が儀式の場となる。午後九時に京城駅に棺が到着し、十二時に京城駅から家に移動して祭事を行っている。

六日目（十五日）は昨晩遅くまで祭事があったためか寝不足のため、Y君は学校を休んでいる。この日の祭事は八時と夕方に行われただけなので、従兄弟を始めとした親戚たちと遊んだという記録を残している。

七日目（十六日）も朝に祭事を行ったが、そのほかは学校に行っていた。従兄弟たちもそれぞれの家に帰って行き、日常が徐々に戻っていることがわかる。八日目（十七日）になると祭事を行ったという記録は消えるが、従兄弟たちがまた集まって楽しい時間を過ごしていた。ただ、この日は次々と喧嘩が起こり、何人かの従兄弟は帰ってしまった。九日目（十八日）になると遠くから来ていた親族たちも帰っていった。こうして、祖父の死から始まった葬儀はひと段落する。Y君はといえば、祖父が亡くなったことに対する悲しみの気持ちを日記に吐露している部分もあるが、同時に葬儀が行われているこの期間を通じて従兄弟たちと長時間にわたって接触する中で、普段会えない親族なども含めて楽しく遊んでいた様子がうかがえる。

▼陰暦で行われた葬礼

しかしすぐに次の葬礼がやってくる。それは陰暦のお正月の「喪亡」である。祖父の命日である一月十日は陰暦では十二月十一日にあたるため、一月三十日の陰暦一月一日が最初の正月であった。早朝から行うのが一般的なため、「大小の家全てが集まった」大規模な葬礼であった。終了後に朝食となっている。

その後の葬礼の記事を追いかけていくと次のようであった。

【一月十三日】　正月大ポルム

【二月二十七日】　明日は陰暦二月一日

【四月十三日】（三月十五日）

［四月二十九日］（四月一日）
［五月十三日］（四月十五日）
［六月二十六日］六月初
［七月二十六日］陰六月一日
［八月九日］旧閏六月十五日　六月ポルム
［八月二十四日］陰六月初
［九月七日］陰七月十五日
［九月二十二日］八月初
［十月七日］陰暦八月十五日
［十月二十二日］九月初
［十一月五日］九月十五日
［十一月二十日］旧十月一日
［十二月二十日］至月初

月の前に、「旧」「陰」「陰暦」と書いて、陽暦と区別している。四月十三日、二十九日、五月十三日については、葬礼を行ったという記述はあるが、その日付に対する言及は見られない。

「ポルム」とは十五日のことを指す。特に正月十五日は盛大に行うようで、翌日の英語の授業で**「昨日が正月大ポルムだった関係で書き取りはしなかった」[二月十四日]**というほどに学校側でも配慮をしていた。つまり葬礼は、月命日ではなく一日及び十五日に実施していたことが分かる。ただし、日記上では、例えば陰暦の五月は一日も十五日も葬礼に関する記述はないものの、おそらく葬礼自体は実施したものと考えても良いだろう。五月だけ実施しない理由がないためである。

閏六月とは、太陽の動きと暦の調整のために置かれたひと月をいう。陽暦であっても四年に一度閏年をおいて一日余分におくことで調整を行っているが、陰暦ではひと月を二十九日に固定するため、陽暦と比べて一年で十七日短くなることから、さらに大規模な調整が必要となる。それを行うのが閏月で、数年に一度、一年が十二ヶ月ではなく十三ヶ月になるのである。その十三ヶ月目の月を閏月といって、閏月を入れる直前の月を二回入れるのである。一九三〇年の場合、六月が二回あり、最初の六月はそのままで、二回目の六月を閏六月と書いて区別をしている。

「八月二十四日」について**「陰六月初」**と日記に書かれているが、これはおそらく「陰七月初」の誤りであろう。葬礼自体は、完全に陰暦で実施されていた。

▼数え年と誕生日

次に陰暦一月一日の日記に**「これで十六歳だ」**と書かれている点に着目したい。これは数え年のことである。韓国では二〇二三年に満年齢を採用することが法律で定められたが、それまでは生まれた時に一歳、次の正月を迎えると二歳になる数え年が広く使用されていた。一九三〇年当時ももちろん数え年で年齢を表している。しかも、歳をとるのは、陰暦の正月である点が重要である。但し、陽暦の意識がまったくないのではなく、十二月一日に**「私の十六歳の最終月だ」**と書いてもいる。

さらに言うと、誕生日という概念がないわけではない。既に紹介済みではあるが、Y君の誕生日である九月八日には**「第十五回生日記念日。この九月八日を朝鮮全民が記念**

して好きな日となることを！」と書いており、誕生日は陽暦で認識していることがわかる。つまり、誕生日と歳をとる日が別になっているということである。葬礼や年齢などは陰暦で動く一方で、誕生日や学校行事などは陽暦でスケジュールが組まれる。まさに二重の暦の世界を生きていたと言える。

▼お年玉は陰暦で

十四歳の少年にとって、正月の楽しみは年賀状とお年玉ではないだろうか。この二点についても、この日記は当時の様子を教えてくれる。

一月一日の日記には、年賀状に対する言及がある。自分宛の年賀状が一枚も届かなかった理由として、**「新しい家だからか」**と述べている部分は、Y君が感じた寂しさをうかがわせる。しかし逆に言えば、これまでは年賀状のやり取りが普通に行われていたのであろう。年賀状に関する記述は、一月一日にだけ存在する。これは、年賀状という風習が日本から流入したためで、陰暦の正月には行わなかったためであろう。父親にきていた三、四枚の年賀状を送った人が誰だったのか、大変興味深いが、それを知ることはできない。

一方でお年玉については、一月一日ではなく、一月三十日にのみ見ることができる。お年玉とセットとも言える親族への挨拶もやはり陰暦にのみ見られる行動となっている。親族への新年の挨拶とお年玉は、元々朝鮮でも行っていた正月の行事だったために、そのまま陰暦で行われているものと考えられる。いずれにしても、**「外祖母がお年玉として二十銭くれた。十六歳になったので嫌だと言ったが、貰わないわけにはいかなかった。」**と書いたY君。誰にも見せる予定のない日記の中でお年玉を遠慮するのはおそらく真実の姿であり、遠慮深く、とても良い少年であったのだろうと想像される。

この陽暦と陰暦の違いについて、Y君のもう一つの認識を端的に表しているのが、十二月三十一日大晦日の記述である。**「今日は今年、即ち西暦一九三〇年の最後だ。朝鮮人には別に影響が無いが、日本人商人村本町に行くとせわしさに包まれた日本人たちは、実に生気がある。」**と書いている。陽暦は「日本人」たちの暦であり、朝鮮人には「別に影響が無い」ものだという認識である。確かに、Y君はこの日に活動写真を観てはいるが、食事やそのほか特別なことがあったわけではない。陰暦の大晦日である一月二十九日の記述があれば対比もできたが、残念ながらその日は日記を書いていないため、それも叶わない。いずれにしても、Ｙ君が内地人と朝鮮人の区別を明確に示していることだけは間違いがない。

▼祝日への思い

戦前日本の祝祭日は勅令「休日ニ関スル件」で決められていた。時期によって多少変化するが、一九三〇年当時は十一個の祝祭日が定められていた。その中でも元日（一月一日）、紀元節（二月十一日）、天長節（四月二十九日）、明治節（十一月三日）を四大節と呼び習わしていた。このうち、日記で書かれていたのは紀元節と天長節であった。

紀元節［二月十一日］
今日は紀元節だ。（中略）今日は十時から紀元節式を挙行するため！　朝にビビンバを食べ登校し、式を行った後「祝賀〈モッチ〉」をもらった。

天長節［四月二十九日］
今日は天長節。学校では授業が無く天長節式があった。（中略）十時に天長節式があるため学校に行って式を挙行した後モチをもらって帰ってきた。

学校では、祝日であるため、授業は行わず式典のみを行っていたことがわかる。そして式典終了後には、同じく餅をもらっていた。Y君の記述からは、式典のあった事実、餅をもらった事実を知ることができるのみで、何の感想もない。

同様に教育勅語が公表された十月三十日も、**「学校では明治天皇教育勅語御発布四十周年記念勅語朗読式を挙行してすぐ帰宅した」**と書かれるのみである。教育勅語は一八九〇年発表なので、ちょうど四十周年であった。

より辛辣なのは、新嘗祭である。**「倭人間が喜びときめく日だが、私には喜ばしいといってもただ意味は無く、休息日であるという喜びだとでも言おうか」［十月十七日］**と書き記しており、朝鮮人としての意識を強く打ち出しているように感じられる。

同じく海軍記念日には次のように記している。

今日は日本海軍記念日のようだ　二十五年前の日本海の勝ち戦を喜ぶかのようだ。しかし二十五年前の青年の意気？　が最近の日本青年のように堕弱だったのだろうか？　朝鮮青少年も恒常戦闘時のような緊張感が必要であろう。［五月二十七日］

海軍記念日は、日露戦争中の日本海海戦勝利（一九〇五年）を記念して制定された日である。日本海海戦は、ロシアのバルチック艦隊を壊滅させた戦いであった。「二十五年前の日本海の勝ち戦」とは、まさにこのことを指す。

その後に続く文章では、一九三〇年当時の日本青年を「堕弱」と批判している。そして批判だけにとどまらず、自らを含む朝鮮青少年への警句へと続く。堕弱な日本青年のようにならないように「恒常戦闘時のような緊張感が必要」というのである。「恒常戦闘時」という表現に、やや軍国主義的な香りを感じるのは私だけではないだろう。ただ、日本を反面教師とする姿勢を示しているのは、これまで見てきた日記の中ではなかなか見ることの出来ない記述である。

もちろん、この日記が他者に見せることを前提としていないとはいえ、誤って誰かに見られる可能性が皆無ではない以上、日本との関係などについては、踏み込んだことは書けなかっただろう。日記を書いている前年には光州学生運動があり、その余波として一九三〇年一月にも同盟休校が行われていた。これにY君が参加することはなかったようだが、日記の中で二回言及しており**［一月十二日・十五日］**、その中でも十二日については年上の従兄弟に会いに行き、**「同盟休学に関する討論をし」**ている。しかし、これ以上のことはおそらく記録に残すことは避けたのではないかと考えられる。

とはいえ、天気については何を書いても大丈夫であろう。Y君は**「日本晴れに対抗する朝鮮晴れ」［五月六日］**あるいは**「連日の日本晴に対する朝鮮晴」［九月十八日］**と書いている。無論、この文章から日本の支配に対抗する気持ちを読み取るのは深読みが過ぎるが、よりプリミティブな心情としての日本への対抗意識程度は読み解いても良いのではないかと考えている。

長い長いエピローグ——戦時期、光復、朝鮮戦争、そしていま

好奇心旺盛で青春を謳歌する十四歳から十五歳にかけてのY君が京城の街を闊歩していた一九三〇年、まさにこの翌年から日本は戦争への道を歩み始めた。一九三一年の満州事変、一九三二年の上海事変と中国大陸で軍事行動を起こし、十五年戦争とも言われる長い戦時期に突入する。

その間、朝鮮半島でも戦時体制が構築されていった。一九三二年から農村振興運動によって農家一戸一戸までも把握する体制が目指され、合わせて工業化を進め、中国との戦争を支える兵站基地の役割を朝鮮半島が担うことになった。日中戦争が開始された一九三七年以降、朝鮮では皇民化政策が本格化し、神社参拝強要や創氏改名などが実施された。このような状況下で、戦争協力を行う一部朝鮮人たちが現れた一方、志願兵制（一九三八年から）、徴兵制（一九四四年から）が実施され、実際に銃を手に取って戦場に赴く朝鮮人も急増した。労働力としての動員も、募集→官斡旋→徴用とその強度を強めていった。

一九四五年八月、日本の敗戦により朝鮮は光復を迎える。同年九月、独立運動家の呂運亭《ヨ・ウニョン》（一八八六〜一九四七）を中心とする朝鮮建国準備委員会が「朝鮮人民共和国」

という統一国家の樹立を宣言したが、朝鮮南部を占領して軍政を宣言したアメリカの反対により瓦解した。また、独立運動家の金九《キム・グ》（一八七六～一九四九）を中心として蒋介石の庇護の下に上海や重慶で長らく活動を続けてきた大韓民国臨時政府も、アメリカによって解体されている。

その後、アメリカは、朝鮮北部を占領したソ連と、朝鮮独立に関する共同委員会を数次にわたって開催するも妥結することができず、可能な地域だけでの選挙を強行し、一九四八年八月に大韓民国（韓国）が成立した。これを受け北部でも同年九月、朝鮮民主主義人民共和国（北朝鮮）が成立し、南北の分断が可視化された。その後も引き続き南北対立は先鋭化していき、ついに一九五〇年年六月二十五日、北朝鮮軍による南侵によって朝鮮戦争が勃発する。朝鮮戦争はアメリカ軍主導の国連軍や、中華人民共和国義勇軍の参戦などもあって一九五三年の休戦協定調印まで続き、南北の分断は固定化することになった。

こうした激動の時代を、一九三〇年の京城でY君が出会ったモノやヒトはどう過ごしたのだろうか。やや羅列的にはなるが、見ていきたい。

▼京城第一高等普通学校のその後

まずは、京城第一高等普通学校である。一九三七年に朝鮮教育令が改正されて高等普通学校という名称はなくなり、全て中学校とされた。この結果、「国語を常用する者」も「国語を常用しない者」も同じく中学校に通うことになったが、実質的には、内地人と朝鮮人が通う学校は分かれたままであった。

京城第一高等普通学校はこの時に、京畿公立中学校と名称を変更した。この校名で光復を迎え、一九四六年に六・三・三制に合わせて六年制へ変更された。一九五〇年に勃発した朝鮮戦争によって、一九五一年には釜山へ学校ごと避難するとともに、学制に合わせて三年制の京畿中学校と、同じく三年制の京畿高等学校に分離された。朝鮮戦争終結後、Y君も通った華洞で再開されるが、一九七一年には中学校が廃校となり高等学校のみとなった。そして一九七六年に現在の所在地である江南区へ移転している。

学校の名声は光復後も変わらず、京城第二高等普通学校の後身である景福高等学校、内地人中心の学校であった京城中学校の後身であるソウル高等学校と合わせて「三大一流」と呼ばれたり、京畿高等学校（K）からソウル大学校（S）に進んだ人物を「KSマーク」と呼ぶなど、エリートコースの一翼を担う存在として位置付けられていた。実際に、ソウル大学校への入学者数でも首位を占め続ける学校であった。しかし、移転に先立つ一九七四年に、加熱する高校受験競争を鎮静化する目的で、いわゆる平準化が実施された。具体的には、一定の試験に合格した生徒を抽選で各高校に割り振る制度である。この結果、ソウル大への進学という意味では、現在、昔日の面影はほぼなくなっている。

▼京城帝国大学附属病院、セブランス病院

続いて、母親が入院した京城帝国大学附属病院について見てみよう。京城帝国大学も光復とともに、一時京城大学と改称した後、一九四六年に京城法学専門学校など九つの高等教育機関を統合したソウル大学校として再出発した。但し、京畿高等学校と同じく、朝鮮戦争の間は釜山へと避難している。北朝鮮軍は、ソウル占領時にソウル大学病院にやってきて、傷病兵などを虐殺したという凄惨な事件も起こしている。

朝鮮戦争後、京畿高等学校などと同じく、ソウル大学校病院もY君の母が入院した場所、現在の大学路沿いの場所に戻った。

ソウル大学校は朝鮮戦争時にさらにもう一つの専門学校を統合し、十の高等教育機関を統合した大学であったため、キャンパスがソウルを中心に複数存在していたが、一九七五年から漢江の南、冠岳《クァナク》キャンパスへ統合する計画が進められた。しかし、病院及び医科大学（韓国で「大学」は「学部」を意味する）は、農科大学などとともに冠岳キャンパスに移転せず、今日も植民地時期と同じ場所にキャンパスを構えている。病院も建物自体が残っており、医学博物館として公開されている。

Y君が消化薬と風邪薬を買いに行ったセブランス病院、及びY君のかかりつけ医的存在であった沈浩燮が教鞭をとっていたセブランス医学専門学校はどうか。一九三〇年当時、セブランス病院は京城駅前にあり、同地には教育機関であるセブランス医学専門学校も設置されていた。植民地期を通じて、大学は先に挙げた京城帝国大学ただ一校であり、専門学校はそれに準ずる、教育水準・研究水準の非常に高い大学並みの高等教育機関だった。この専門学校の設立が朝鮮で認められたのが一九一五年だったのだが、私立学校として最初に専門学校となったのが、セブランス医科専門学校と延禧専門学校であった。一九一七年のことである。なお、戦時期には「セブランス」という名称が問題となって一九四二年に旭医学専門学校へと変更させられている。

この両校は運営陣が同一であり、設立後早い段階から合併の動きがあったが、戦時期及び光復、朝鮮戦争と激動の時代の中で妥結せず、一九五七年に至って、それぞれの校名の先頭の文字である「延禧」の「延」と「セブランス」の「世」をとって延世大学校となった。一九六二年に西大門区新村《シンチョン》に全学が移動し、ソウル駅前にあった病院の跡地には、現在オフィスビルが建っている。

▼昌慶苑から昌慶宮へ

冬にスケートをしていた昌慶苑について見てみよう。

昌慶苑には、スケート場や動物園のほかに、今回本文では詳しく触れなかったが、科学館や植物園も設置されていた。一九三九年に発行されたパンフレットを見ると、植物園内には大温室が設けられ、乗馬場もあった。この大温室は、一九〇九年に設置したものである。戦時期には、動物たちが安楽死させられる悲劇があったことは本文でも触れたが、朝鮮戦争時にも、ほとんどの動物が死んでしまったという。

その後再び動物たちが集められ、またスケート場などもあり、ソウル市内では屈指の人気を誇る娯楽施設となっていた。一九七〇年代の写真を見ると、空にはロープウェイが走り、遊園地のさまざまな遊具も置かれていたことが分かる。

一九七〇年代後半になると移転話が持ち上がり、一九八四年、ソウル市郊外の果川市《カチョン》に新たにソウル大公園が開場した。昌慶苑にいた動物たちや設置されていた遊具は、ソウル大公園に移設された。一九八三年からは王宮として機能していた往時の姿に復元する作業が開始され、名称自体も昌慶「苑」から昌慶「宮」へと戻された。しかし、先に触れた大温室は移設されず、今日もその場に残され、登録文化財となっている。このため、Y君が見たであろう景色は、今はほとんど見ることができない。

▼漢江と橋

続いて、遠足で渡った漢江の鉄橋について見てみよう。本文中でも触れた通り、一九三〇年に漢江にかかっていた橋は、鉄道が走る漢江鉄橋と人や車が通る漢江大橋の二つのみであった。一九三四年に当時の京城帝国大学教授であった安倍能成（一八八三〜一九六六）は、漢江大橋のすぐ下流、麻浦から現在国会議事堂が建つ汝矣島へ渡る渡し場の情景を「今日も三十艘くらいの帆柱を立てた河船が岸にこみ合つて居る。二十人ばかりの白衣の人が船に乗りこみ、漬物甕のやうな焼物を囲んで取引をして居るらしいのもある。又上流から流して来たのであらう、皮ごとの松のかなり大きな材を大きな筏に組んだのが、岸に寄せられて居る。」（『槿域抄』斎藤書店）と描写している。Y君の日記から四年後ではあるが、まだまだ牧歌的な様子が残されていたことが分かる。また、筏の記述からは、漢江が上流との海運の道としても使用されていたことが分かる。

安倍能成はさらに次のように述べる。「向岸は一面の広い砂原である。この砂原の一部分を占める飛行場を立つて平壌へ行く飛行機であろう」。飛行場があるということから、ここが汝矣島であることがわかる。一九一六年に開港した汝矣島飛行場は、平壌をはじめ内地や満洲に向けた航空機が発着していた。光復後も民間空港として利用されるほか、空軍基地としての機能も併せ持っていたが、一九五八年に民間空港としての役割を金浦空港へと移転させ、さらに一九七一年には空軍基地としての役割も終えて閉鎖された。そして、その跡地の一部に、一九七五年に完成したのが今日の国会議事堂である。その頃には、Y君が遠足の時に苦戦した砂原もすっかり様子が変わっていただろう。

　安倍能成の記録から二年後の一九三六年になると、漢江のより上流の京城府の東隣になる高陽郡に二番目の橋として広津橋《クァンジン》が架けられた。この場所には、元々광나루《クァンイル》という船着場があり、釜山近郊の東莱《トンネ》まで続くいわゆる街道筋の位置である。光復前までに架けられた橋は、このわずか二本に過ぎなかった。

　しかし、この二本の橋は、北朝鮮軍の南進を食い止めるために朝鮮戦争勃発三日後に爆破されてしまう。未だ漢江の北側にも避難民が残っている状況での措置であったため、後年大きな批判を浴びることになった。その後朝鮮戦争の戦況の変化に伴い、臨時的な復旧を経て、漢江大橋は一九五八年に、広津橋は一足早く一九五三年に復旧した。その後、一九六〇年代に二本、七〇年代には五本と次々に橋が架けられていった。こうして漢江の南側、いわゆる江南地域の開発が進むことによってソウル市域も拡大し、一九三〇年には京城府の南端だった漢江は、ソウル市の中心を流れる河へと変貌していったのである。

Y君をめぐる人びと――沈浩燮医師

では、次に日記の中で登場した人物について見てみたい。

先に登場した沈浩燮医師から始めよう。一九三〇年に日本医師会から表彰されるなど、当代最高の医師であったと考えられるが、その後の活躍も目を見張るものがある。学校での教育のみならずラジオで衛生講座を開くなど啓蒙活動にも力を入れる一方、貧民の生活改善のために多額の寄付を行うなど、精力的な活動を繰り広げた。同時に医師組織の中でも中核的な役割を担い、朝鮮人医師を中心に結成された漢城医師会の結成当時からのメンバーで、一九三四〜三五年には会長の任についた。また、一九三〇年に結成された朝鮮医師会の役員を歴任している。一九三五年にセブランス医学専門学校教授を辞職して教育の現場からは去ったようで、その後の光復までの活動についてはあまり情報がない。

しかし光復直後、日本人教授たちが引き上げた京城医学専門学校の後継であるソウル医学専門学校の校長に着任し、一九四六年には京城帝国大学医学部の後継となる京城大学医学部との統合へと導き、自身もソウル大学校医学部学部長となった。そのほか、朝鮮内科学会初代会長、朝鮮医学協会（現在の大韓医師協会）の初代を始め断続的に六回にわたって会長を務めるなど、韓国の医学会をリードした人物であった。朝鮮戦争後も沈浩燮内科医院の院長として長く医学に携わり、一九七三年に他界している。

▼親族——洪蘭坡、金元福、洪錫厚、従兄弟たち

ついで、母方の親族たちを見てみよう。まずは、この日記に登場した中で最も著名な人物と言える洪蘭坡である。本文でも触れたが、一九三一年からアメリカに留学し、一九三三年に帰国後、京城保育学校の教諭となり、梨花女子専門学校でも教鞭を執った。アメリカ留学中に独立運動家安昌浩《アン・チャンホ》が率いていた独立運動団体である興士団に加入しており、後にこの事実が発覚して、拷問を受けるなどした。一方で、創氏改名に際してはいち早く森川潤を名乗り、朝鮮音楽協会や国民総力朝鮮連盟など、いわゆる「親日」団体にも積極的に参画した。このことが洪蘭坡の評価を難しくしていることは否めない。

但し、音楽家としての活動については非常に評価が高い。バイオリン演奏家であると同時に作曲家でもあった。「故郷の春」「鳳仙花」などが著名で、この二つの歌は日本語の歌詞バージョンもある。演奏家としては、朝鮮最初の室内楽団と言われる「蘭坡（ナンパ）トリオ」を、一九三二年に李永世・洪盛裕とともに結成したこともすでに述べた。このほか文筆家としても作品を残すなど、さまざまな側面から文化的活動を積極的に展開したが、先に挙げた興士団加入に関わる拷問の影響から、一九四〇年に他界した。「蘭坡トリオ」の一員である洪盛裕も夫人金元福とともに日記に登場していた。しかし日記登場のわずか六年後に早すぎる死を迎えた。

夫人の金元福はその後もピアニストとして長く活躍し、一九三五年に現在の中央大学校の前身である中央保育学校の教授、一九三八年からは梨花女子専門学校の教授となった。その後も洪蘭坡と同じく朝鮮音楽協会に関わりを持つなど、いわゆる親日人士と指摘する声もある。光復後は、朝鮮神宮の跡地に設立された京城音楽学校の教授となり、ソウル大学校の設立とともにソウル大学校芸術大学音楽部、ついでソウル大学校音楽大学の教授として後進の指導を行い、定年退職まで勤め上げた。なお、金元福の父は金亨俊《キム・ヒョンジュン》（一八八五〜没年未詳）といい、洪蘭坡が作曲した「鳳仙花」の作詞はこの人の手によるものであった。このふたりの関係はこの曲のみにとどまらず、一九二〇年代以降、西洋音楽に関わる運動をともに積極的に推進する関係にあった。

洪盛裕の父は、Y君一家とかかりつけ医である沈浩燮を繋いだと想像される、洪錫厚医師である。日記にはその名前を見ることはないが、「叔父上」と書かれている中には、洪錫厚を指しているものもあると推測される。一九三〇年当時、セブランス医学専門学校教授をしていたが、翌年には辞職して、朝鮮最初の専門医院と言われる耳鼻咽喉科の診療所を開設しており、一九三六年の新聞で「洪錫厚医学堂」という名称を確認することができる。一九四〇年に肺結核で亡くなっている。三人の息子のうちふたりは父と同じく医師の道を歩み、ひとりが音楽家となった洪盛裕である。

Y君と同じ年で同じく京城第一高等普通学校に通っていた従兄弟についてはどうか。

この従兄弟とY君は、普通学校も同じ校洞普通学校を卒業している。しかし、卒業後の進路はやや分かれた。ふたりは一九三三年春に京城第一高等普通学校を卒業し、この従兄弟は延禧専門学校商科本科に合格をしていたのだが進学をせず、浪人して一九三四年春に京城法律専門学校に合格し入学している。

入学したその年に京城法学専門学校のバスケットボールチームの選手となって、第十回全朝鮮学生籠球選手権に出場した。対戦相手は奇しくも延禧専門学校であったが、結果は十六対七十九と惨敗を喫している。この試合、従兄弟と同じく京城法律専門学校のメンバーとして、Y君の日記にも登場する同級生も出場している。この同級生とY君は家を行き来するほど仲が良く、バスケットボールをして遊んだこともあった【一月二十二日】。当然ながら従兄弟とも最低限面識はあったであろう。その後この従兄弟に関する記録は途切れるが、光復・朝鮮戦争を経た一九五四年頃から、運輸関係の事業組合副理事あるいは理事長として、法学専門学校卒業の同姓同名の人物を新聞で確認することができるようになる。おそらく激動の時代を生き抜き、この職に就いたのであろう。

▼Y君のその後――京城帝国大学法文学部に進学

そして最後にY氏本人についてである。なおここからは、十四歳あるいは十五歳の「Y君」ではなく「Y氏」と表記しよう。

Y氏は先述のように一九三三年に高等普通学校を卒業し、京城帝国大学予科文科A組に合格・入学する。京城帝国大学は、母親が入院したことからもわかるとおり医学部があり、他に文系学部として法文学部があった。法学と文学が合わさった学部で、A組が法学系、B組が人文系であった。旧制高等学校の代わりに予科があったので、Y氏は三三年から二年間は清涼里《チョンニャンニ》にあった京城帝国大学予科に通い、おそらく一九三五年から現在の大学路にあった京城帝国大学に通学したと考えられる。

一九三三年予科入学者の中には、その後有名になる人々も含まれていた。Y氏とはクラスが違うが、B組の三名を紹介したい。

まずは金思燁《キム・サヨプ》（一九一二～九二）である。京城帝国大学では朝鮮語・朝鮮文学を専攻し、卒業後は光州師範学校などで教鞭を執ったが、光復後の一九四七年に新生のソウル大学校の教授となり、朝鮮戦争後は慶北大学校に異動した。大阪外国語大学で客員教授を務めていた時期もあり、一九七〇年代から八〇年代にかけて、日本で韓国を紹介する書籍を多数出版している。他にも、韓国古代史の基本史料とも言える『三国遺事』や『三国史記』の邦訳本を出版するなど、韓国文学のみならず歴史学にまでわたる広い分野で業績を残した。日本でも『金思燁全集』全三十二巻（国書刊行会）が出版されており、韓国ではもちろん、日本でも非常に著名な研究者と言える。

もうひとりは泉靖一（一九一五〜七〇）である。泉は韓国済州《チェジュ》島の研究で卒業論文を書き、戦後東京大学の教授となってからは、アンデスの研究などに尽力した著名な人類学者である。現在大阪にある国立民族学博物館設置にも関わっていた。また、泉靖一の父である泉哲（一八七三〜一九四三）は、一九三五年十月まで京城帝国大学法文学部で国際公法講座を担当していたので、Y氏の場合、父親との接点があった可能性の方が高いであろう。

泉哲の場合は、Y氏が講義を受けた可能性がギリギリ残されていたが、一方で、入れ替わりとなってしまって講義を聞く機会が失われた教員として、兪鎮午《ユ・ジノ》（一九〇六〜八七）が挙げられる。兪鎮午は、大韓民国憲法の起草者であり、日韓会談の韓国側代表を務め、のちに高麗大学校の総長にも就任した、法学者であり文学者である。京城帝国大学予科で教鞭を執っていたのが一九三三年三月までだったので、Y氏が兪鎮午から学ぶ機会はなかった。ちなみに兪鎮午もY氏と同じく京城第一高等普通学校の卒業生であり、京城帝国大学の卒業生である。

当時の京城帝国大学には、若く優秀な教員が集まっており、法学系では、憲法学の清宮四郎（一八九八〜一九八九）や法哲学の尾高朝雄（一八九九〜一九五六）などが著名である。尾高朝雄は一九二九年から三三年まで欧米留学をしており、授業で欧米の最新学問を紹介していたと想像される。好奇心旺盛なY氏はどのように授業を受け、何を学んだのであろうか。そしてY氏は一九三八年三月、無事に法学科を卒業した。

▼検事から弁護士に転身

京城帝国大学卒業から光復まで、一九四〇年に朝鮮銀行元山支店にいたという記録もあるが、ほとんどY氏の動向は追えなくなる。だが、光復直後の一九四六年に突如Y氏は戻ってきた。Y氏は一九四六年一月、京城地方法院検事局の検事に任命されたのだ。

Y氏は配属直後に、同年発生した国軍準備隊事件を担当している。国軍準備隊とは、光復前に日本軍として活動していた軍人が結成した軍事集団である。現在の大韓民国国軍につながる南朝鮮国防警備隊とは別組織であったが、一万人を超える規模を誇ったと言われる。当時問題となっていた朝鮮の信託統治問題（朝鮮半島を米・英・中・ソによる五年間の信託統治の後に独立させるという構想）では、国軍準備隊は信託統治に賛成していたが、米軍政は反対の立場であった。信託統治に賛成していたため共産主義的である――朝鮮共産党は信託統治に賛成していた――とレッテルを貼られており、その点からも米軍政からマークされていたと考えられる。最終的には、一九四六年になって京畿道知事により、治安を紊乱することを理由に解散命令が出された。解散後も要人暗殺の嫌疑で元国軍準備隊隊員が逮捕されるなど継続的に締め付けが行われていたようで、この国軍準備隊事件もその一環と考えられる。

Y氏が担当した国軍準備隊事件をもう少し詳細に見てみよう。国軍準備隊解散前の一九四五年十二月三十日に光復軍百五十名を不法監禁したこと、及び一月十八日に行われた反託学生示威行列に参加した女子学生七名を不法逮捕したことが問題となっており、十三名が逮捕されている。

光復軍は、一九四〇年に結成された大韓民国臨時政府の軍事組織で、一九四六年に解散となったが、南朝鮮国防警備隊へと引き継がれることはなかった。ただ、百五十名を監禁したという事実は、国軍準備隊の組織力の強さを物語っており、米軍政から警戒心を強められるのもむべなるかなと思われる。一方、もうひとつの女子学生の不法逮捕だが、信託統治反対を訴えるデモ行進に参加していた学生を対象としていることが、やはり信託統治賛成の意思表示に他なく、これもまた米軍政が目を光らせる原因と言える。このようないわば「政治的」な事件をY氏は担当していた。

このほか革製品や、ソウル市内で使用する暖房用の薪の価格吊り上げに関する事件など、市民生活に直結する問題も担当しており、新聞では「謀利撲滅尽力」と力強く語っている。特に革製品の価格吊り上げに関する事件（夫章煥氏事件）では無罪判決が出ており、その無念さを語るY氏の姿からは、正義感に燃えて検事の仕事に邁進していた様子が伝わってくる（『京郷新聞』一九四七年三月十九日）。

このようによく知られた事件を担当していたこともあり、Y氏自身も知名度があったようで、一九四七年七月に検事を辞めて弁護士に転身した際には、新聞で報道されるほどであった。

解放以来ソウル地方検察庁経済部検察官として、建国を蝕む暴利を謀る輩に断固たるメスを入れ、最も信望が厚いだけでなく、いわゆる夫章煥氏事件でも広く知られるY検察官は、検察官を辞任して十日から市内東子洞十二番地（京城駅越便　片倉ビル五階電本七四七二）で弁護士を開業することになったという。（『京郷新聞』一九四七年六月十一日）

Y氏の検察官としての活躍が凝縮されたような文章となっている。大韓民国がまだ建国されていない混乱期に乗じて利益を上げようとする人々を検挙していく、まるでヒーローのような書かれっぷりである。

一九四八年一月十四日には、新聞の新年を迎えての談話シリーズに登場している。Y氏は新聞に「まず自分を知り、そして相手を知るように努力しよう」という文を寄せている。内容はともかく、この記事で、私は初めてY氏の顔を見ることができた。サングラスをかけているため、目元の印象が全くわからないが、当時三十三歳のY氏の姿である。

そしてこの年の八月十五日に大韓民国の建国が宣言され、九月九日には朝鮮民主主義人民共和国も建国された。北緯三十八度線を境界にした南北の分断が可視化されていった。

▼朝鮮戦争勃発――ソウル陥落

一九五〇年六月二十五日早朝四時、突如北朝鮮軍による砲撃が開始され、ついで陸上部隊が南下し始めた。朝鮮戦争の勃発である。三十八度線の各方面から南下した、装備で上回る北朝鮮軍を韓国軍は止めることができなかった。韓国政府は三十八度線からわずか四十キロ程度しか離れていないソウルを放棄して、水原へと遷都した。結果、開戦から四日後の六月二十八日にソウルは陥落する。この時、北朝鮮軍のさらなる南下を足止めするために、一九三〇年にY氏が遠足で渡った漢江大橋は、韓国軍によって爆破された。そのため、ソウルを脱出していなかった市民たちは、南へと避難することができなくなり、ソウルに取り残されることになった。

北朝鮮軍支配下のソウルについては、廉想渉の小説『驟雨』もその様子をよく伝えているが、ここでは同じくソウルに取り残された画家白榮洙《ペク・ヨンス》の回想によって見てみよう。

昨日はごった返していたソウル駅へ向かう道には、人影ひとつなく、声を張り上げていた商人たちの呼び声も消えていた。あまりの静けさに、僕の耳が詰まったのではないかと思うほどだった。走っていた自動車も、避難民の行列も、どこへ消えてしまったのだろう。ソウルは死んだ街に変わってしまっていた。（中略）知らない街に一人放り出されたような不安を感じた。寂莫としたソウルで以前と変わらないのは、まばゆい太陽しかなかった。北朝鮮軍の戦車隊は威嚇するように爆音を響かせ、街路を縫うように走りまわっていた。（ペク・ヨンス　プロジェクト編『茶房と画家と朝鮮戦争　ペク・ヨンス回想録』白水社）

この当時二十八歳の白榮洙は二歳から日本に住んでいたこともあり、決してソウル在住歴が長い人物ではない。しかし、彼の目をもってしてもソウルは「死んだ街」に映ったのである。数日後、白榮洙の元に呼び出しがあった。呼び出しに応じて行くと、彼の他に四名の芸術家がいた。白榮洙を含めた五名は「反動分子」とされ、早朝から「矯正教育」を受けさせられ、さらに金日成《キム・イルソン》やスターリンの肖像画を描かされた画家もいたという。白榮洙は、ここから逃げ出した。

白榮洙は友人宅を転々としながら、情報を求めて芸術家たちが集まっていた茶房に行く。そこでは、「ドアの脇には来店者をチェックする男と、銃を持った男が立っていて、全員に身分証明書の提示を求めていた」という。白榮洙は、身分証明書を持っておらず、間一髪でこの危機を逃れているが、しかしその後も監視の目は常に光っていた。ある人に頼まれたメモの受け渡しが監視人の目に留まり、派出所に連行され、暴力を伴ってその内容が問いただされた。ソウルは監視社会となっていたのである。

▼北朝鮮のインテリ連行計画

南北分断が固定化する中で、北朝鮮では南への人材流出が問題化していた。光復以降、南北で違った政治体制が整っていく中で、南北間で人々の移動が盛んに行われ、結果として、特に北朝鮮側での人材不足は深刻化していた。その解決策のひとつとして、北朝鮮軍は朝鮮戦争を開始する前から、戦争中に韓国にいる人材を計画的に連行することを考えていたようである。金日成は一九四六年七月三十一日に「南朝鮮からインテリを連行することに対して」という談話を発表していた（『金日成全集第四巻』平壌朝鮮労働党出版社）。先に挙げた白榮洙に対する呼び出しを、北朝鮮軍がソウルに入ってわずか数日で行うことができたのは、事前に計画があったゆえのことであろう。

▼提出された「失郷私民安否探知申告書」

法曹人のY氏はどうであったか。Y氏もまた、南へと避難することなく、ソウルに残っていた。そして白榮洙の場合は呼び出しであったが、Y氏の場合には、自宅に人民軍二名と私服姿の三名の計五名が訪れ、連行していったという。実際の書類を見てみよう。以下は、朝鮮戦争中の一九五二年にY氏の父によって提出された書類に書かれている内容である。

西暦一九五〇年六月二十八日午後十時頃、最終住所地で人民軍二名、よく分からない人物（私服を着た男子）三名が自治委員会から来たと言って連行していった。
その後西暦一九五〇年七月十五日頃、政治保衛部にいたという話を聞いた。

この書類の名前は「失郷私民安否探知申告書」という。朝鮮戦争中に行方不明となった人を探すために作成された書類である。同資料は、「六・二五戦争拉北人士家族評議会」のHPにて公開されており（http://www.kwafu.org/korean/index.php）、一部個人名が特定されないように修正をしている。

これによると、Y氏は朝鮮戦争が始まり、ソウルが陥落したその日に、「自治委員会」によって連行されていた。これは白榮洙に対する呼び出しよりも早い動きとなっている。そして白榮洙の場合は、どうにか脱出し家に戻ることができたが、Y氏は家に戻ることもできず、その後の動向は不明となってしまった。七月十五日に見たというのがY氏に関する最後の情報となっている。

Y氏が連行された際にやってきた人々が述べた自治委員会がどのような組織なのか、詳細は不明である。考えられるのは、朝鮮戦争中に北朝鮮軍に占領された地域では、住

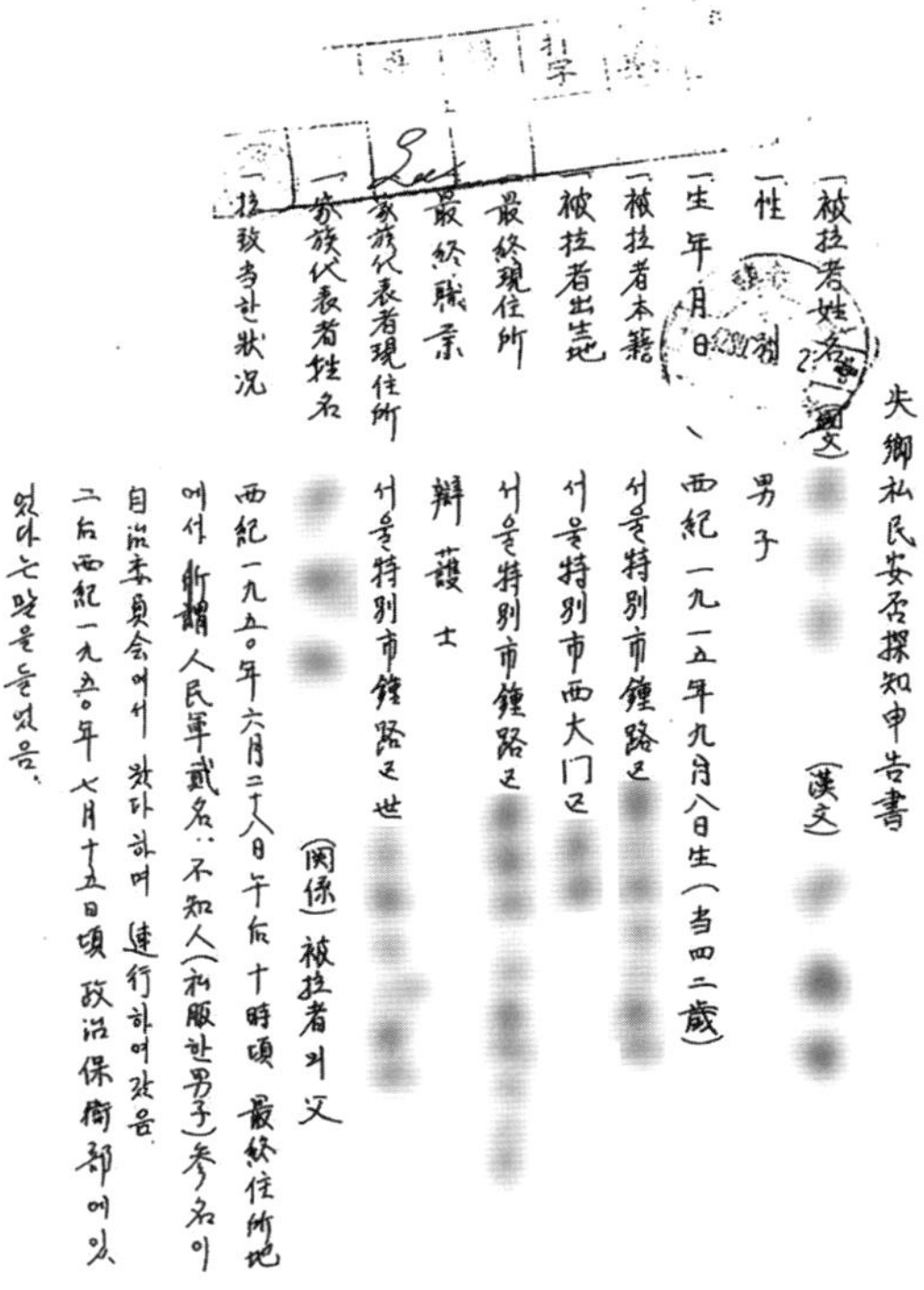
失郷私民安否探知申告書

一、被拉者姓名 (漢文) [redacted] (漢文) [redacted]

一、性別 男子

一、生年月日 西紀一九一五年九月八日生（当四二歳）

一、被拉者本籍 서울特別市鍾路区 [redacted]

一、被拉者出生地 서울特別市西大門区 [redacted]

一、最終現住所 서울特別市鍾路区 [redacted]

一、最終職業 辯護士

一、家族代表者現住所 서울特別市鍾路区世 [redacted]

一、家族代表者姓名 [redacted] (関係) 被拉者의 父

一、拉致当한状況 西紀一九五〇年六月二十八日午后十時頃 最終住所地에서 所謂人民軍戴名：不知人（私服한男子）参名이 自治委員会에서 찾다하며 連行하여갔음. 二后西紀一九五〇年七月十五日頃 政治保衛部에있었다는 말을 들었음.

Y氏の父直筆の「失郷私民安否探知申告書」

民の選挙によって選ばれる人民委員会を設立し、占領下の統治の一翼を担っていたという。ここからの類推になるが、自治委員会はこの人民委員会の前身あるいはこれに類する組織と考えられる。Y氏が連行されたのがソウル占領初日であったことを考えると、選挙などの手続きは当然不可能であり、事前に立ち上げられていた組織だったのかもしれない。また、Y氏が最後に目撃された際にいたという国家保衛部は、北朝鮮の情報機関である。国家保衛部でY氏に対して何が行われていたのかも、全く不明である。

先にも示したとおり、この当時、北朝鮮では技術者はもちろん法曹人などを含め人材不足が深刻化していた。新聞などでの露出が多く、名声も高かったY氏は、計画的に狙われていたのかもしれない。この後、Y氏の動向は全く掴めない。北朝鮮に連行されたのか、それとも戦争中に亡くなったのか。父親が息子に関して、このような書類を作成するその心情は、想像を絶するものがある。先に挙げた六・二五戦争拉北人士家族評議会のHPを見ると、このような例が多数に上ることがわかる。

Y氏が存命であったとしたら、二〇二五年に百十歳を迎えることになる——。

主要参考文献

『東亜日報』
『朝鮮日報』
『京城日報』
『京郷日報』
李忠雨『京城帝国大学』多楽園、一九八〇年
서울校洞国民学校・서울校洞国民学校同窓会『校洞百年史』、一九九四年
京畿高等学校同窓『京畿百年史』、二〇〇〇年
林廣茂『幻の三中井百貨店』晩聲社、二〇〇四年
노형석『한국 근대사의 풍경』생각의 나무、二〇〇四年
조이담・박태원『구보씨와 더불어 경성을 가다』바람구두、二〇〇五年
申明直著・岸井紀子、古田富建訳『幻想と絶望―漫文漫画で読み解く日本統治時代の京城』東洋経済新報社、二〇〇五年
金振松著・川村湊監訳『ソウルにダンスホールを―一九三〇年代朝鮮の文化』法政大学出版局、二〇〇五年
板垣竜太『朝鮮近代の歴史民族誌：慶北尚州の植民地経験』明石書店、二〇〇八年
최병택・예지숙『경성리포트』시공사、二〇〇九年

이경민『경성, 카메라 산책』아키이브북스、二〇一二年
太田修「戦時期大邱の朝鮮人女子学生の学校生活—一九三七年の日記から」韓哲昊ほか『植民地朝鮮の日常を問う』思文閣、二〇一二年
鄭昞旭「植民地農村青年と在日朝鮮人社会：慶尚南道咸安郡、周氏の日記（一九三三）の検討」鄭昞旭・板垣竜太編『日記が語る近代：韓国・日本・ドイツの共同研究』、同支社コリア研究センター、二〇一四年
박민호『서울 문학 기행』arte、二〇一七年
崔誠姫『近代朝鮮の中等教育：一九二〇～三〇年代の高等普通学校・女子高等普通学校を中心に』晃洋書房、二〇一九年
白榮洙著・与那原恵監訳『茶房と画家と朝鮮戦争　ペク・ヨンス回想録』白水社、二〇二〇年
廉馥圭著・橋本妹里訳『ソウルの起源　京城の誕生—一九一〇～一九四五　植民地統治下の都市計画』明石書店、二〇二〇年
小谷稔「戦時下朝鮮における農業学校と朝鮮人青年—忠南・公州公立農業学校『生活記録』（一九三九）を中心に」『朝鮮史研究会論文集』六十一集、二〇二三年
NAVERニュースライブラリ　https://newslibrary.naver.com/search/searchByDate.naver
6・25戦争致北人士家族協議会　http://www.kwafu.org/korean/index.php
国立中央図書館大韓民国新聞アーカイブ　https://nl.go.kr/newspaper/
韓国民族文化大百科事典　https://encykorea.aks.ac.kr

あとがき

プロローグで書いたように、この日記を手に入れたのは、今から二十年以上も前の、二〇〇二年のことだった。二〇〇二年は、私が大学院博士後期課程に進学した年でもあり、この日記は、研究者として独り立ちすることを目標に悪戦苦闘してきた日々をともに過ごしてきたとも言える。その悪戦苦闘の中で、常に心にかかっていた日記であり、何度も読み返しながら過ごしてきた。植民地期朝鮮を理解しようとする自分にとって、まさにその時代を生きていたY君の軽やかな歩みは、時に助けとなり、時に悩まされもした。少なくとも私の植民地朝鮮理解に、Y君は大きな影響を与えてきたと言える。

これまで、この日記を使って書いた文章として、「ある朝鮮人生徒の日常生活――日記資料（一九三〇年）を中心に」須川英徳編『韓国・朝鮮史への新たな視座　歴史・社会・言説』（勉誠出版、二〇一七）がある。この論文が、本書の原型と言える。そして、YouTube上で、この日記の内容を高校生向けに話す「100年前の韓国人に出会うために」と題する動画も二〇一七年に作成した（夢ナビ）。このように少しずつ活用しながらこれまで過ごしてきたが、今回ようやく全体像を書くことができた。大学院生の時に課された宿題、二〇年にわたって心にかかってきた宿題に、ひとつの区切りをつけられたのではないか、そう思っている。

しかし、宿題はまだ終わっていない。宿題の終わりは、この日記がY氏に、あるいは親類縁者の方にお返しすることだと考えている。本書の執筆をした理由として、この日記をあるべきところにお返ししたい、という思いがある。私にとって、このY君の日記は貴重な研究資料であることは間違いないが、親類縁者の方にとっては、それとは比較しきれないほど大切なものであろう。本書がきっかけとなり、この日記をお返しすることができれば、と切に願っている。

＊

私を朝鮮史研究の道へと導いてくれた、須川英徳先生に感謝したい。そして、その後大学院では、濱田耕策先生、六反田豊先生、森平雅彦先生から多くのことを学んだ。このほか、感謝を気持ちを伝えるべき先生はあまりにも多い。先輩や後輩にも感謝したい。

本書は、上に挙げた論文を読み、わざわざ訪ねてくださった、帝京大学出版会の森休八郎氏のおかげでここまで辿り着けた。このような機会を与えてくださったことに感謝したい。

最後に、好き勝手に仕事をしている自分を支えてくれている家族に感謝する。

原　智弘

原　智弘（はら・ともひろ）
帝京大学外国語学部教授。専門は近代朝鮮史、島嶼研究。1976年生まれ。九州大学大学院人文科学府博士後期課程修了、博士（文学）。九州大学韓国研究センター、韓国済州大学校を経て、現職。主要論文に、「朝鮮における科挙廃止後の官吏任用制度」、「在朝日本人教員の朝鮮体験（韓国語）」など。

帝京新書008

一九三〇《いちきゅうさんれい》 朝鮮人生徒《ちょうせんじんせいと》の日記《にっき》
―十四歳《じゅうよんさい》、京城府《けいじょうふ》での一年《いちねん》―

2025年 2 月15日　初版第 1 刷発行

著　者　原　智弘
発行者　岡田和幸
発行所　帝京大学出版会（株式会社 帝京サービス内）
〒173-0002　東京都板橋区稲荷台10-7
帝京大学 大学棟 3 号館
電話 03-3964-0121
発　売　星雲社（共同出版社・流通責任出版社）
〒112-0005　東京都文京区水道1-3-30
電話 03-3868-3275
FAX 03-3868-6588
印刷・製本　精文堂印刷株式会社

ISBN：978-4-434-35263-8

帝京新書創刊のことば

日本国憲法は「すべて国民は、個人として尊重される」（第十三条）とうたっています。帝京大学の教育理念である「自分流」は、この日本国憲法に連なっています。

自分の生まれ持った個性を尊重し最大限に生かすというのが、私たちの定義する「自分流」です。個性の伸長は生得的な条件や家庭・社会の環境、国家的な制約や国際状況にもちろん左右されます。それでも〈知識と技術〉を習得することにより、個性の力は十分に発揮されることになるはずです。「帝京新書」は、個性の土台となる読者の〈知識と技術〉の習得について支援したいと願っています。

グローバル化が急激に進んだ二十一世紀は、単独の〈知識と技術〉では解決の難しい諸問題が山積しています。国連の持続可能な開発目標（ＳＤＧｓ）を挙げるまでもなく、気候変動から貧困、ジェンダー、平和に至るまで問題は深刻化かつ複雑化しています。だからこそ私たちは産学官連携や社会連携を国内外で推し進め、自らの教育・研究成果を通じて諸問題の解決に寄与したいと取り組んできました。「帝京新書」のシリーズ創刊もそうした連携の一つです。

帝京大学は二〇二六年に創立六十周年を迎えます。

創立以来、私たちは教育において「実学」「国際性」「開放性」の三つに重きを置いてきました。「実学」は実践を通して身につける論理的思考のことです。「国際性」は学習・体験を通した異文化理解のことです。そして「開放性」は〈知識と技術〉に対する幅広い学びを指します。このうちどれが欠けても「自分流」は成就しません。併せて、解決の難しい諸問題を追究することはできません。「帝京新書」にとってもこれら三つは揺るぎない礎です。

大学創立者で初代学長の冲永荘一は開校前に全国を回り、共に学び新しい大学を共に創造する学生・仲間を募りたいと訴えました。今、私たちもそれに倣い、共に読み共に考え共に創る読者・仲間を募りたいと思います。

二〇二三年十二月

帝京大学理事長・学長　冲永佳史